日本人が知らない日本の道徳

田中英道

Tanaka Hidemichi

ビジネス社

日本の道徳に世界が近づいている

縄文の自然を畏敬する精霊信仰や生きとし生けるもの全てに命が宿り神が宿る「命の平等」から一万六千年を経て、自然に基づく日本の道徳観がいま！　西洋で注目されているという。

自然の朝昼夕夜、春夏秋冬が繰り返す規律性。自然の極み、自然の怒りに人間の小ささ、儚さ、情の多様さを映しだし、時には人間を叱り、時には優しく包む「愛」を感じながら、日本人は大自然から道徳を学んで来たのだと深く納得させられた。

（津川雅彦氏推薦文）

はじめに——日本人はなぜ頭を下げるのか？

日本の文化を象徴する作品として必ず紹介される絵の一つに葛飾北斎『富嶽三十六景』の「神奈川沖浪裏」（五ページ参照）があります。レオナルド・ダ・ヴィンチの「モナ・リザ」と並んで、世界で最もよく知られている絵と言ってもいいでしょう。

この有名な絵は、美術の傑作という視点でだけでこれまで論じられてきましたが、私は、日本の道徳のかたちを考える上でも、重要なヒントを与えてくれている作品としてとらえています。私が提唱するフォルモロジー（形象学）というのは、目に見えるかたちに込められた意味を読み取る学問ですが、それを応用すると、この絵には、日本の思想や道徳が集約されているように見えるのです。

ご覧のようにこの絵には、大きな波に揉《も》まれる三隻の舟が小さく描かれ、その舟にしがみつく人間がまた小さく描かれていますが、実は、この三隻の舟が何の舟かはわかっていません。鮮魚をすぐに江戸に送るための押送船《おしおくりぶね》には帆があるのに、この絵の舟にはそれがありません。沖に流されてきた渡し舟のようにも見えます。

また、神奈川沖というのは東京湾の外側ですが、台風か大嵐でもなければこのような大波が立つことはないわけで、それほどの悪天候にもかかわらず、空は晴れてくっきりと富士山が見えています。舟が浸水している様子もない。

このようにつぶさに観察してみると、この絵がフィクションであることがよくわかります。つまり北斎は実際の風景ではなく、思想を描いたと考えるべきです。荒海そのものではなく、自然にひれ伏す人間を、やはり自然の象徴である富士山が見守るという人間と自然との関係を描こうとしたのではないでしょうか。

こうした自然と人間との関係性そのものに、日本人が古来培《つちか》ってきた独自の思想、道徳、秩序の基本形を見ることができると私は確信しています。

では、それはいったい、どういうものなのでしょうか?

日本では、道徳というのは非常にシンプルで「頭を下げる」ということなのです。頭を下げるというのは、相手を尊敬する、畏敬《いけい》するということで、その相手というのは、年上であり、山川木石などより長い命を生きるものすべてです。

これが今も日本人の行動を律する世界観となっていることを私は本書で強調したいのです。道徳というと何やら堅苦しく古臭い響きがあるために、現代人には関係ないもののよ

うに看過されがちですが、実は私たちの日常生活に大きな影響を及ぼしていることを本書ではしっかりと論証したいと思います。

日本人は、変わったように見えて変わっていないというのが私の持論です。それは、戦前の生活を知らないような若い世代も、相変わらず日本人独特の道徳を受け継いでいることからもわかります。

今も、日本人にとって礼儀といえば、敬語と頭を下げる挨拶《あいさつ》が基本になっていることは誰も否定しないでしょう。明治時代以降、日本人は国をあげて西洋の文化を真似し、戦後は生活習慣から家のなかまでアメリカナイズされて畳の間もなくなりました。それにもかかわらず、なぜ、挨拶の方法は欧米式の握手に変えないのでしょう？　抱き合ったり、キスを交わすような挨拶にしないのでしょう?

外国人が相手なら挨拶として握手を交わす場合があっても、なんとなく気持ちが落ち着かない。相手に直接触れるのはかえって失礼という感覚がDNAに刻み込まれているからですが、それ以上に相手との「間」の取り方に満足できないのではないでしょうか。ですから、握手をしていながら同時に頭を下げたりもします。

ダーウィンは『人間の進化と性淘汰《とうた》』で、最も生き残るグループの特質を相手への「思いやりの強さ」と述べましたが、日本人ほど人間関係の円満を重んじ、「世間様」「お蔭様」と目に見えない関係性にまで頭《こうべ》を垂れる民族は珍しいでしょう。しかも私たち日本人はその最重要課題を、道徳とも宗教行為とも思わずほとんど無意識に行っているのです。

これほど強く日本人の生活を支配し世界が驚嘆する道徳が、いつ頃、どのようにして生まれたのか、どのような意味を持つのか、その不思議を、歴史をさかのぼり、宗教観や西洋思想と比較しながら考察したいと思っています。

日本人が知らない日本の道徳

もくじ

第3章 人類史も証明する自然道

第4章　十七条憲法を読む

第5章　皇室という道理

第6章　武士道と戦後

第7章　西洋の宗教と道徳

第1章

自然に育まれた宗教の真髄

欧米のように人格神を認めない自然科学と日本

日本人の宗教観を考える上で、『古事記』の冒頭に記されている内容が大変象徴的です。まずはその部分を現代語訳で引用してみましょう。

そもそも、混沌《こんとん》とした天地万物の根源にはすでにまとまったといたしましても、まだ何らかのきざしも形も現れません段階では、これを名付けようもなく、何のしわざもなく、誰一人、その形を知るものはない道理でございます。しかしながら、天と地が初めてわかれて、天之御中主神《あめのみなかぬしのかみ》、高御産巣日神《たかみむすひのかみ》、神産巣日神《かむむすひのかみ》の三柱《みはしら》の神が創造のはじめとなりました。

（『古事記』（上）次田真幸訳）

私はここで、三柱の神が現れる前に「名づけようもない混沌とした根源」があったと記されているところに特に注目しています。

『日本書紀』にも次のように書かれています。

昔、天と地がまだ分かれず、陰陽《いんよう》の別もまだ生じなかったとき、鶏の卵の中身のように固まっていなかった中に、ほの暗くぼんやりと何かが芽生えを含んでいた。やがてその澄んで明らかなものは、のぼりたなびいて天となり、重たく濁《にご》ったものは、下を覆《おお》い滞《とどこお》って大地となった。澄んで明らかなものは一つにまとまりやすかったが、重く濁ったものが固まるのには時間がかかった。だから天がまずでき上って、大地はその後でできた。そして後から、その中に神がお生まれになった。

（『日本書紀』宇治谷孟）

ここでも『古事記』と同じで、何かが芽生え、それが天と地になっていくと書かれています。神はその後で生まれるのです。

ギリシャ神話や聖書では、最初から神が登場してきて神が自然を産むのに、『古事記』『日本書紀』では神より先に自然状態があるのです。自然そのものがエネルギーを持って何かを作り出していく。

これは、ビッグバン現象など、のちの自然科学が主張するようになる理論と似た考え方ではないでしょうか。宇宙の始まりに人格神を認めるのが西洋の宗教なら、人格神を否定するのが自然科学であり、日本の宗教なのです。

つまり、西洋の一神教では、「神が自然を創った」のですが、日本では「自然が神を生ぜしめた」ので、順番が逆なのです。ここが、日本人と西洋人とで世界観が決定的に違っている部分なのです。

日本神話が示す「年功序列」の原理

このように、日本人は『古事記』『日本書紀』の時代以前から、神も自然から生まれてきたという解釈をしてきました。この世界観を、私は「自然道」と呼んでいます。自然道がすなわち神道であり、日本人の宗教なのだと思います。

自然が人間に教える「道」は、ひたすら自然に従って生きる、ということの重要性です。自然に逆らわないためにどうすればよいかを、私たちは記紀から読み取ることができるのです。

『古事記』ではこの冒頭部分に続いて独り神が現れては消え、最後にイザナギとイザナミが登場して初めて、男女の神が結婚することで子（日本の島）が生まれます。最初は水蛭子《ひるこ》が生まれたために水に流し、天の神に相談すると「女から誘ったのがよくない」と教えられ、男から誘うと成功する、という展開になります。

この箇所で興味深いのは、イザナギとイザナミが兄と妹という関係であることなのです。そのあとに登場するアマテラスとスサノヲも、男女の関係である以前に、姉と弟という関係です。乱暴なスサノヲと戦うアマテラスの物語では、最終的に、姉であるアマテラスが、弟のスサノヲを高天原《たかまがはら》から追放してしまいます。

兄と妹、姉と弟、いずれも年上のほうが偉い、あるいは正義であることが描かれているのです。女性であっても、姉のほうが勝つ。兄と妹ならもちろん兄のほうが勝つ。

男と女というよりも、年齢によって上下関係が生まれること、年齢が上のほうが優越するということを、日本の神話では一貫して語ってきているのです。つまり年齢による「力の支配」の教えです。

ギリシャ神話でも、同じようにヘラとゼウスが姉弟で結婚しますが、この場合は、弟のゼウスのほうが圧倒的に強く、支配者になります。西洋の考え方の基本は「実力主義」なのです。

古来、人の生き方として、力の支配ではなく、秩序に従うほうが大事であることを日本では教えてきているので、神話からすでに西洋とは考え方が違います。「自然道」では、人生の時間的な長さによって、敬うか敬われるかが決まる。そして、一人の人間は、絶えず、敬う存在にも敬われる存在にもなるのです。必ず、年下の人間が出てきますから。

学生でも一年上は皆「先輩」になります。小学校に入学したとき、二年生は大変な先輩に見えたでしょう。そんな先輩に対して、とても「お前」などとは言えない。そういう自然な感覚が基本となって日本の道徳はできていて、「先輩」「後輩」が日本の人間関係の原理のようなものになっているのです。

この秩序感が一番自然であるということを日本の神話は強調してきたわけで、それがそのまま、戦後、高度成長期の日本の強さを支えた「年功序列」という秩序、倫理観にもつながっているのです。

一人でも生きていける恵まれた風土が生む思想

こうした「自然道」とでも呼ぶしかないような思想を日本人が身に付けてきた背景としては、日本の自然のあり方の影響が大きいと思います。

世界の四大文明というのは、豊かな自然があろうとなかろうと、場合によっては荒野にでさえともかく城壁を廻らせ、上下水道の設備を作って水が通うようにした都市での人間の営み、文化をいうのです。ですから、自然が作ったのではなく、わざと人工的に作ったものを西欧では「文明」と呼ぶのです。

ところが、日本人には長い間、人工的な都市を作る必要がありませんでした。自然を探求しながら自然に従って暮らしていれば、一人でも生きることができたからです。国土は海に囲まれ、七〇パーセントを山や木が占めているため、水も、魚など海の幸も、木の実など山の恵みも豊富。外敵の脅威もなく、「万里の長城」を築かなくてもよかった日本では、せいぜい、イノシシやシカなどと棲《す》み分けるための柵が作られていた程度。平和で、最低限の労働だけで自然とともに生きることができた縄文時代が一五〇〇〇年も続いたのです。

弥生時代になって稲作をするようになっても、やはり、自然にどうやって従うか、ということから日本人が生きる規律を学んでいたのは同じだったでしょう。加えて、農業をすることによって、自然に従いながらも自然を変えていく、という視点が新たに生まれたのです。

農地を皆で耕す作業が必要になって、人との関係ができるのです。お互いに助け合わなければ生きられなくなったわけです。そこで共同体の営みを円滑にするための感情が生まれるのです。

その最も象徴的なものが「他人《ひと》に迷惑をかけない」だと思います。本来は一人で生きられるという前提がないと、このような感情は出てこないというのが私の考えです。

一人でも生きることができていた時代が長く続いたことの証《あかし》としてＤＮＡに刻まれてい

る感情なのだと思われます。大昔に、日本が採集狩猟経済から稲作農耕経済に変わったことの名残なのです。

採集狩猟経済では、身の周りにあるものを採ってくるだけでよいのですから一人でも生きられます。家族とさえ生きればよかった。そこに農耕経済がやってくると、土地を皆で耕すことが必要になって人との関係ができる。共同作業の単位として家族関係が重要になり、住む土地も定着するので、相互関係が安定して出てくるのです。

家族で生きていられたのに、他人に助けてもらわなければ生きられなくなってしまったために、「他人様に迷惑をかけている」という感情が「他人《ひと》に迷惑をかけない」という態度に反映しているのだと私は見ています。薄れたとはいえ、私たち現代日本人にもこの「縄文の記憶」は染み付いているのです。

「他人様」と「お蔭様」の共同体

「他人に迷惑をかけない」という感情には、「他人のお世話になって生きている」という自覚が常に裏腹にあります。共同体のなかでお世話になる「他人」といえば、経験豊富な年長者です。

　このようなところから、年長者を敬い、尊重する「年功序列」の秩序感が生まれ、日本の道徳になったのです。日本では、共同体そのものの機能が年功序列によってできあがっているため、言葉・文化、すべてがこの秩序感を反映しています。

　たとえば、年上のポジションには「長」「先生」がつきます。社「長」さん、課「長」さん、○○「先生」など。人生が「長い」、「先に生まれた」、どちらも生きてきた時間の長さでその人の位置付けを表す言葉です。

　長老というのは、長く生きているというただそれだけで尊敬される存在です。その人が本質的に偉いかどうかには関わりなく、たとえ能力がなくても、より長い生を受けている人が偉くて権限があるということなのです。

　家のなかでは、両親や祖父母がそのような存在です。仮に、その家で上に立つのが「父親」だとしても、「父親」は能力ではないわけです。

　天皇が偉いのは、神話の時代から現代まで一二五代続いている一番長い家系だからです。重要なのは、その歴史の長さであって、長いということだけで尊敬されるので能力主義ではないのです。

　日本では、年功序列の秩序が守られる最小単位が家族であるために、共同体のサイズが大きくなっても人間関係を家族意識でとらえる傾向があります。会社組織も、先輩・後輩という兄弟のような関係の社員で構成され、社長がその上に立つ親、という一つの家族のイメージです。

そうした一つひとつの家族の寄り集まりが村であり、町であり、さらに大きくなると国になる。国も一つの大きな家族としてとらえられています。それが、英語でネイション(nation)、ステート(state)というところを、日本では「国家」といっているところに表れているのではないでしょうか。

家族を中心とした共同体、家族を中心とした国家。共同体のメンバー皆を家族としてとらえれば、自ずと無私の愛情が基本になって道徳ができあがっていくわけで、規律にも「情」があります。その代表例が「年功序列」だったのです。

ヒューマン(human)やマン(man)にあたる日本語が、「人間」であるところも興味深いと思います。「人そのもの」でなくて「人の間」ということは、人も「間」によって作られるという意味があるのでしょう。つまり、共同体がなければ人は生きられないし、不完全である。共同体あってこその自分という考え方が日本人の根底に浸透しているのです。

動物に比べ著しく遅い成長の人間の赤ちゃんは一人では生活できないのですから、「生きる」ということと「共同体」の存在は切り離せません。

長じても両親をはじめとした年長者に支えられて育つ。そのことに対する感謝の念が「お蔭様」という言葉になる。お蔭様という言葉は今生きている人間だけでなくご先祖様にまでまっすぐのびている。こうした縦の関係が、順繰りにいつでもどこにでも生じて、それに私たちが感謝することにより社会が安定するのです。

つまりは、「愛情」によって支えられているわけです。経済効率が何よりも優先される現代社会に行き詰まりを感じ始めた世界の一部の人たちが、お金や契約に律せられない、利益に縛られない人間関係がなければいけないということに気づき、日本に注目するようになっている。

しかも、日本では縄文、弥生の時代から、現代まで生活のなかにごく自然にそれが生きているということは強調すべきことだと思います。日本人自身が気づいていない伝統文化が残っているのです。それは国際化と言われて久しい時勢にあって日本人があらためて認識する価値のあるテーマであると私は考えています。

震災で見えた自然に従う心の強さ

自然道やそこから派生した日本の「年功序列」に対して、西洋の考え方の基本は、個人主義であり、実力主義です。

実力主義をそのまま推し進めると、争い合う社会になり、やがて殺し合うことにもなってしまう。人間の肉体には、牙も爪も、人を殺せるような機能は何もありません。武器を持つことでようやく他者を殺せるわけです。それは不自然なことであり、本来なら、人間には人間を殺せない。できるかぎり争わず、殺さないようにするのが人間にとって自然なことなのです。

日本の自然道の秩序が、人間の本来の理想と合致しているということに、日本人以外の人々が気づき始めるきっかけとなったのは、最近では東日本大震災だったと思います。

戦後、日本ではすべてがアメリカナイズされて個人主義が導入され、エゴイズムが発達し、昔からの共同体の秩序など破壊されてしまったと思わされてきました。ところが、あの大震災の最中に日本人がとった秩序だった行動によって、もともとの自然道が変わらずに生きていることがわかったのです。

「自分さえよければいい」という自分勝手な人の姿より、むしろ、自分の命も顧みず、より弱い者に手を差し伸べる人の姿が目立ちました。避難所にあっても、「人に迷惑をかけない」という周りへの配慮を忘れずに助け合い、譲り合う人々の様子が、世界に強い印象を与えたのです。

日本人にとっては、ある意味で当たり前の行動だったかもしれませんが、外国人の目から見れば、驚嘆に値することでした。というのも、強奪が起こったり、泣き叫ぶ人がいたり、大混乱が起きて当然の場面でしたから。人間の本性は、極限状態に置かれたときに表れるというのは世界共通の認識です。あの場面で整然と品位ある行動をとることができる大衆というのは、世界を驚かせるのに十分でした。

どのような困難な状況にあっても、「迷惑をかけてはいけない」という基本の道徳が社会全体で守られ、他人との関係のなかで、「お蔭様」「お互い様」という人々の「情」が示される。「縄文・弥生の論理」が今も生きている証だと思われます。

もう一つ、日本人には、はじめにで触れた北斎の絵に表れているような、波が来てもとにかく身を伏せ、心も伏せるという態度があります。自然の脅威に対しては「凄《すご》い」という感じが先に立ち、ただひたすら畏敬の念を抱く。これが、自然に従うということです。

自然の恵みを受けて生きているということに自覚的で感謝の気持ちがあるからこそ、自然にあれだけ圧倒的に人命を奪われることがあっても、自然に対して屈辱感というものは持たないのだと思います。よいことも悪いこともあるのが自然だから、と悲しみにたえるわけです。

人間のあり方そのものも自然から与えられたものなのだから、命は大切にする。一方で、それが奪われるのもまた自然の摂理だととらえる。それが死生観にもなるので、人々が死に臨んであまりじたばたしないのです。

死ねば誰もが自然に還って「神になる」「仏になる」というのが日本の道徳の基本にあるのです。自然にひれ伏すという姿勢が、すべてに一貫性を持って流れ出てくるのです。

神話時代の道徳が現代も生きている

自然道に基づく日本の道徳が、根強く現代にも生きているということは、つまり、近代日本が欧米から導入した西洋式道徳が日本人に定着しなかったという証左でもあります。「個人主義の失敗」とでもいうのでしょうか。あたかもよいものであるかのごとく広められてきた「個人主義」が日本の風土には合わず、成り立たなかったのです。「能力主義」も同じです。

日本の高度経済成長を支えたのは「年功序列」だったはずですが、アメリカに倣って九〇年代以降、企業の人事制度にも「能力主義」が導入されるようになりました。しかし、ある雑誌の調査では、それが失敗だったと七割近くの会社員が回答しています。

欧米での能力主義は進化論に基づいているので、淘汰されて残った最も強い人間が上に立つという考え方です。その人間が悪人である可能性は否定できず、だからこそその上に神を据えるのです。

能力よりも命の長さを尊んできた日本人には、家に父親がいるように社長や天皇を仰ぐ感覚が染みついていて、我先にトップを目指して争う欧米流の能力主義には本来馴染《なじ》めません。そもそも、善と悪、天国と地獄、唯物論と唯心論など二元論をとる欧米の道徳というものを、何ごとも相対的にとらえる日本人には理解ができないのです。

善悪の判断など状況によるというのが従来の日本人の人生観です。日本人は物事に白黒はっきりつけることをあまり好まず、同じ人間が善人にも悪人にもなりうることを知っています。

明治維新後、そして戦後、日本は欧米化してかなり変わったように見えて、実態はほとんど変わっていないとも言えるのではないでしょうか。今も天皇がおられ、大災害があると天皇がその地に赴き国民を励まされる。そういうことが不自然であると思わせようとしてきたにもかかわらず、天皇陛下の行幸《ぎょうこう》に国民は感動するのです。

アメリカの元国務長官ヘンリー・キッシンジャーが、読売新聞のインタビュー記事（二〇一五年一月三日）で、「戦後、アメリカが支配してきたつもりになっていたけれども、今改めて考えてみると、それはある意味錯覚だった。ドイツも日本もそれぞれ変わらずにやっていて、実は世界は何も変わっていないことに気づかされる」といったようなことを奇《く》しくも語っていました。

日本人がうすうす感じてはいてもはっきり気づかずにいることを、今、世界が指摘している。しかも、自然で美しい秩序を何千年も保っている日本を、世界中が羨《うらや》ましい存在として賛美しているのです。

その秘密とも言える、縄文時代から変わらない日本の道徳を、世界と比較しながら探求し、日本人自身が認識することに意味があるのではないかと私は考えています。

第2章

外国人が驚く日本語の力

日本人はなぜ年齢にこだわるのか

現代日本人の実生活を支えている道徳は、神話時代から続くもので、その秩序意識には何らかのかたちで「時間」というものが根幹にあることを前章で指摘しました。「時間」というのは「命の時間」と言い換えてもいいかもしれません。このことは、日本人がやたらと年齢にこだわるところに表れているように思います。

たとえば、七五三に始まり、十三詣《まい》り、成人式（昔は、元服、裳着《もぎ》）、老人になると還暦《かんれき》、古希《こき》、喜寿《きじゅ》、傘寿《さんじゅ》、米寿《べいじゅ》、卒寿《そつじゅ》、白寿《はくじゅ》、百寿《ひゃくじゅ》と祝うしきたりがあります。個人の誕生日を祝うのではなく、その人が歳をとったことを祝うのです。

還暦、古希などは中国から入ってきた文化だろうと言われますが、それはその年齢を示す言葉を輸入したというだけで、こんなにたくさん年齢によって祝う習慣は日本独自のものでしょう。そもそも、喜寿、米寿などは日本人が作り出した造語です。歳をとれば、とったというだけで偉いことをその都度確認するしきたりなのです。

七五三を祝うのは、七歳まで子どもは神様だという意識があるからです。人は自然の営みのなかから生まれるのですが、生まれたときにはまだ人間ではありませんし、誰も、なぜ生まれるのかわからない。昔の人には不思議なことに思えたに違いない。自然から何か奇跡的なもの、説明のつかないものが現れたときに、昔の人はすべて神と呼んだのです。

同様に、老人になってボケてくるとまた不思議な存在に見えてくる。還暦というのは、干支《えと》が一巡することですが、子どもに還るということでもあります。人は還暦を過ぎてやはり神様に近くなるのです。

日本人は、老木を敬い、大切にしますが、歳をとった人間を称えるのと同じ感覚なのだと思います。老木がしめ縄を張られて神木になるのは、老人になると神に近くなるのと同じことなのでしょう。

年齢を重ね、神に近くなった人生の先輩を敬う感覚は、現代日本人の日常生活にもまだ色濃く残っていて、それが当たり前のように年齢を祝う習慣にも表れていると思うのですが、最もよく表れているのが日々使われている敬語でしょう。

外国人が驚く日本の敬語の世界

日本語の敬語には、よく知られているように「尊敬語」「謙譲語」「丁寧語」の三種類があります。実は、三種類もの敬語を日常的に使いこなすことが必須の言語は、日本語しかありません。

「きょうだい」「しまい」でも、兄と弟、姉と妹というように、男女だけでなく年齢の区別が重要な日本語に対し、ブラザー（英 brother）、シスター（英 sister）あるいはフレール（仏 frère）、セール（仏 sœur）、フラテッロ（伊 fratello）、ソレーラ（伊 sorella）というように、「男女しか区別しない言語に馴染んでいる西洋人にとっては、日本語のなかでも敬語を訳すのが一番難しいと嘆きます。彼らはまた、敬語というものを体得しないと本当に日本語を理解したことにはならないことにも気がついています。

前述したように、日本語では「ひと」を表すのに「人」に「間」を付けて「人間」といいます。個人主義の西洋では「個」が尊重され、「ひと」は一人でいることが基本ですから、マン（英 man）あるいはオム（仏 homme）などといいますが、日本人は「ひと」は必ず「関係」のなかに存在すると考えるのです。

ですから、相手の立場や自分との位置「関係」を常に考えながら話すのが日本人にとっては自然なことで、それが、「尊敬語」「謙譲語」「丁寧語」の三種類を使い分けて相手との微妙な「間」を保とうとする行動につながっているのです。

たまたま会ったような相手に対しても、年長であるか、あるいは年長として扱うべきかをまず感覚的にとらえる。いずれにしても、相手に不快感を与えないという注意をいくつも働かせるのが日本人の態度なのです。

たとえば、「行く」の尊敬語は「いらっしゃる」、謙譲語は「伺う」「参る」で、「来る」の尊敬語も「いらっしゃる」、謙譲語も「伺う」「参る」と同じ言葉を使います。英語ではゴー（go）とカム（come）となるところ、尊敬語と謙譲語がそれぞれ同じになるのは、具体的な行為そのものよりも、相手の立場を尊敬する、あるいはこちらが謙遜するという関係をはっきりさせることのほうが重視されるためだと考えられます。

「ご存知」「ご覧になる」など、丁寧語の「御」を動詞に付けることで相手の行為を尊敬する意味になる場合もあり、「尊敬語」「謙譲語」と言ってもパターンが様々あって使いこなすのは日本人でも難しい。決まったルールがあるわけではなく、ニュアンスで成り立っているのです。

微妙な相手との上下関係を考えるという意味合いが「尊敬語」「謙譲語」には常にあります。上下関係というと、支配―被支配の関係と受け取られがちですが、そうではありません。あくまでも命の長さ、経験の多さで相手との人間関係を判断した結果を、上下として言葉に反映させているだけなのです。

敬語＝階級社会ではない

日本人独特の上下関係のとらえ方なので、西洋人にはなかなか理解しにくく、日本で生まれたカナダ人外交官ハーバート・ノーマンのように日本をよく知っている人物でさえも、日本は階級社会であるとして、天皇制だけでなく、江戸時代からの士農工商も解体すべきだ、などと主張するのです。解体さえしてしまえば、そういうものは消えてなくなると考えられていたわけです。

日本人が尊重してきた上下関係を重視する風習は、封建主義、階級社会を象徴する悪いこととしてマルクス主義者たちが広め、これを否定する教育を日本人は戦後、長く受けてきました。日本人独特の価値観を失わせるべく、「自由」「平等」、特に「平等」が教育の現場で教えられてきたわけです。

ところが、前章でも述べたように七〇年経っても結局日本人は根底のところで変わりませんでした。今も「尊敬語」「謙譲語」「丁寧語」の三種類の敬語が使い分けられているのです。本来の日本人のあり方が一貫して保たれているということでしょう。

戦後、どのような圧力をもってしても独特の習慣を潰《つぶ》されなかったこと自体に、日本人のあり方の強さ、伝統と文化の強さを感じるのです。私はそのことを否定的ではなく肯定的に見ています。日本人のあり方こそが、人間本来のあり方により近いために、強いのではないかと思っているのです。

神よりも自然のほうに重点を置くのが古代日本人の世界観であったことに触れましたが、それに基づいて、日本の道徳が生まれてきたのだと考えます。「尊敬語」「謙譲語」「丁寧語」も、そのような道徳から発生したものなのです。

「さん」「様」「ちゃん」を使い分ける不思議

日本在住半世紀以上になるハーバード大学出身のロジャー・パルバース氏は、英語、日本語以外にロシア語、ポーランド語、フランス語に通じている劇作家ですが、『驚くべき日本語』という著書で、敬語というものは日本の風土に基づく独特の表現だと指摘しています。他の言語にはない言葉の使い方であることが、比較してみるとよくわかるというのです。

そして、やはり日本語では敬語が一番難しいとも述べています。相手と自分との「間」を察知し、状況に応じて言葉の使い方を変えるというのが、西洋人には難しいらしいのです。そもそも、相手と自分との関係性をつかめない。今、世界各国に日本語学校ができて日本語を学ぶ人も増えていますが、日本語学校では敬語を使うべき相手が先生しかいません。いろいろな場面で使い分けなければならない敬語を身に付け、本当に日本語がわかるようになるには、日本に来て学ばなければだめだとも述べています。

パルバース氏自身も、日本語から英語やロシア語に翻訳する際に、様々な疑問にぶち当たると言います。その一例として尊敬語の「さん」を挙げていたのが興味深いと思いました。

「さん」というのは、「セイジさん」のように名前のあとに付くだけでなく、「歯医者さん」「お巡りさん」「かみさん」「おふくろさん」など、職業や身分を表す言葉のあとにも付きます。相手への敬意を表する意味があると思うのですが、「泥棒」にさえ「さん」が付けられるのはどういうことなのだろう、とパルバース氏は首を傾げるのです。外から日本語を眺める者にとってこれほど不思議なものはない、と。とても面白い指摘だと思います。しかも、同じ人が「さん」と呼ばれ、ときに「様」になり、また「ちゃん」にもなるのです。

日本語の会話でしばしば主語が省略されたり、間接話法が使われたりすることにも戸惑うようです。非常に曖昧《あいまい》な表現に感じられるのでしょう。そのために、日本人には意見がない、自己主張がないというように理解されてしまう。これも日本語の特徴としてよく挙げられる点です。

西洋人にとって、言語というのは自分の言いたいこと、考えていることを伝えるためのコミュニケーション手段ですから、誰が、何を発言しているのかはっきりさせなければ意味がありません。個と個がぶつかり合う道具でもあるのです。

ですから、主語は必ず要りますし、動詞も一人称、二人称、三人称と主語に応じて変化します。ところが、日本語では「私」を省略することが多いだけでなく、動詞も「私が行く」「あなたが行く」「彼が行く」、どれも同じで変化しません。これも日本人にとっては自然なことですが、西洋人にとっては不思議でならない部分なのです。

日本人には、おそらく、「生きる」ということは誰にとっても同じことなのだ、という観念が根底にあるのだと思います。自然の一部にすぎない「私」というのは、決して特別な存在ではなく、同じ共同体の人間同士「あなた」と「私」の区別もそう大きくあるわけではないのです。あるとすれば、命の時間の長短だけです。したがって、対立するという状況を極力避けようとする、それが文法にも表れているのだと思います。ここにあるのはある意味、大変な平等思想かもしれません。

中韓とは違う日本の「長幼の序」

「長幼の序」というのは儒教の教えにありますから、中国でも韓国でも年配者を敬う習慣はあります。しかし、自然道から発生した日本人の秩序意識とは微妙な違いがあるように感じられます。

どういうところが違うのか、考えてみましょう。

日本に儒教が最初に伝えられたのは、『古事記』によると応神《おうじん》天皇の時代（五世紀前後）とされています。百済《くだら》から渡来した和邇《わに》によって、文字を学習するための教科書『千字文』とともにもたらされたのが『論語』一〇篇だったといいます。

日本人にとって、この書物の影響が大きかったということがよく言われています。「年功序列」や、尊敬語、謙譲語、丁寧語と使い分ける複雑な敬語の由来は、『論語』など儒教から来たのではないかという見方もあるのです。

敬語は、儒教の影響の強い韓国でもよく使われます。ところが、謙譲語はないというのです。韓国では、外部の人に対しても「お父様におかれましては外出されています」「うちの社長様におかれましては会議中でいらっしゃいます」というように、身内で使っている尊敬語を外部に対してもそのまま使うそうです。価値の第一に血縁の論理を置くのが韓国の伝統だと呉善花《オ・ソンファ》氏も分析しています（『日本人て、なんですか?』）。「長幼の序」は、身内に関してのみ守られる秩序というのが、韓国での礼儀の根幹と言っていいでしょう。

日本では、共同体のなかで守られる「長幼の序」は、外部に対する尊敬の気持ちが常に優先されて、使われる言葉も調整されます。たとえば、「部長さん」というのが社内では使われても、外に対しては「ただいま田中は外出しております」などと「さん」も「様」も「部長」も付かなくなる。共同体内部と外部に向かっての敬語の使い方が違うという習慣は韓国にはなく、この独特の使い方から、日本では、共同体に非常に強い内部意識が存在し、個別の秩序があることがわかるのです。他《た》に対する尊敬の念があるからこそ、身内に対する尊敬語を外に対しては使わないのです。それだけ、一つの共同体では強い家族意識を持って同一性を保っているということでしょう。

共同体は外部に対して結束し、内部には単なる上下関係とは言えないような、外には出さない内なる関係がある。このような秩序が現代にも続いているのです。

儒教伝来よりも早かった道徳観の形成

『論語』というのは、道徳を言葉で教えようとする書物ですが、それが理想の境地であることは孔子の不遇の生涯が示しているようです。貧しい生まれの孔子は学問で身を立て、自分の理想とする政治を官僚になって実現したいと志していたのですが、政治改革に失敗して職を解かれ、流浪生活を余儀なくされたのです。最終的には政界への望みを絶ち、弟子たちの教育に力を注ぐ、夢破れた生涯を終えた孔子の言葉には、その裏に理想が実現され得なかった失望の念があるのです。

たとえば『論語』の「八佾第三《はちいつ》」には、「君主は礼節で以て臣下を働かせるべきだし、臣下は忠誠心で君主に仕えるべきだ」とあります。「べきだ」ということは、現実では必ずしも行われていないということを示しているのでしょう。

「為政《いせい》第二」には、「権力者は法律に任せて国民を統治し、刑罰や秩序を維持しようとすれば、彼らはそれを免れることを恥とも思わなくなるだろう。だから徳で治め、礼で秩序を維持すれば国民は自ら襟を正し、正しくふるまうようになるだろう」とありますが、徳で治めれば、礼で秩序を維持すれば、という仮定の表現に、現実は非常に乱れていて、結局、刑罰や法律を作って維持しなければ社会が守れないという事情が透けて見えるのです。

この、理想と現実との乖離《かいり》が、『論語』という道徳書をある種のフィクションにしているように感じられます。つまり、こうした理想を言葉で教えなければならないほど抜き差しならぬ現実が背後にあったということです。作られた理想への探求が、「こうありたい、目指したい」という孔子の言葉にあふれている。中国人も韓国人も、追い求める感覚は日本人と同じだったのでしょうが、現実には、それが家族内でしか通用しないことに気づいていて、それが敬語の使い方に表れているのだと思います。

ところが、日本には、儒教が理想を提示してくるより前にすでに絶対的な道徳観が定着していたと考えられます。第1章で触れたように、イザナギとイザナミの兄妹、アマテラスとスサノヲの姉弟の関係のなかに、進化論的「弱肉強食」でも競争の論理でもない独特の論理が示されていました。和邇によって『論語』が伝えられる前に、すでに何か強固な秩序観が成立していたと考えられるのです。

その秩序観は自然、あるいは時間によって、古来、自然発生的に作られてきたもので、あえて文書化する必要もなかったのだと思います。そもそも、漢字が伝わる前は、文書化する手段もなかったわけです。ですから、日本が儒教の道徳を受け入れて、それを道徳の基本にしたかのように見る人もいますが、そうではないのです。受け入れる素地の整っていたところへ、受け入れられやすい道徳観である儒教がもたらされたということなのだと思います。

フランシスコ・ザビエルも認めた日本の秩序

自然道とも言える日本の秩序観について、もう少し探求してみましょう。

近年、日本の文化が海外でもてはやされていますが、古くから、日本を知った西洋人が驚きとともに日本を称賛していた記録が残っています。客観的な目に、日本の文化がどのように映っていたのか、さかのぼって見てみたいと思います。

まずは、フランシスコ・ザビエル。日本にキリスト教を最初に伝えたとされるザビエルは、一五四九年に来日するのですが、きっかけは、宣教活動をしていたマラッカで鹿児島出身の武士ヤジロウと出会ったことでした。

ザビエルは、ヤジロウと出会った途端にどんなアジア人とも違う人間だと感じるのです。アジアで初めて、自分たちヨーロッパ人と同じ「理性」を持つ人間に出会い、「理性を尊び、理性に従って行動する民族がいる」と発見して驚くのです。

ザビエルはヤジロウの案内で鹿児島に上陸して薩摩《さつま》の守護大名・島津貴久《たかひさ》に謁見し、宣教の許可を得ます。日本滞在中、ローマのイエズス会本部やゴアの東洋管区の区長に宛てでザビエルが頻繁に書き送っていた報告書が今も残されているため、ザビエルの行動や所感を知ることができるのです。

ザビエルの言う「理性」というのが、どのような意味合いなのかよくわからないのですが、道徳性ということではないかと思います。キリスト教で「理性」というのは、造物主のデウスから人間に付与された能力とされているため、デウスを知らず、神のいない国の人々が「理性」を持っていることに対する驚きが、ザビエルにとって深い謎となるのです。

ヤジロウ自身は、日本人は「理性」なくして行動するようなことはない、と述べていたようですが、当時、この西洋的な概念を表す「理性」という言葉そのままは使われていなかったはずですから、「道理」のことではないかと小堀桂一郎氏は推測しています（『なぜ日本人は神社にお参りするのか』）。それがポルトガル語で「理性」と訳されたのでしょう。

自然道が日本の「道理」

日本には「道理」というものがある。では、「道理」とは何なのでしょうか。

「道理」という概念を、世の中を支配する理念として論じたのは、一三世紀の初めに『愚《ぐ》管抄《かんしょう》』を著した慈円《じえん》が最初といいます。当時は、ちょうど源平の争乱が終わったあとの変革期で、価値観などが大きく変わる不安の時代でもありました。それまで拠り所にされてきた仏教の因果応報の摂理などでは説明のつかない現実を人々が目の当たりにするわけです。

しかし慈円は、つぶさに観察した現実に、変わらないもののあることに気づくのです。貴族から武士の世になり、日本を二分する大きな戦乱を経て、最後に残っていたのは皇室だったという事実です。勝った源氏も負けた平家も、ともに尊敬し、大事にしていたのが皇室だったということそのものに、日本の「道理」の基本を見ています。

単なる因果応報ということだけではない、何かある種の筋道が、つまり「道理」の支配が日本にはあって、鎌倉幕府が誕生した。慈円は藤原氏ですから朝廷側の人間ですが、頼《より》朝《とも》の政治を「道理」にかなったものとして認めています。

やがてその武士の道徳「道理」に基づいて第二代執権・北条泰時《やすとき》を中心とする評定衆《ひょうじょうしゅう》の手で「関東御成敗式目《ごせいばいしきもく》」が制定されます。これが、合理主義的かつ経験主義的な法理念をまとめた見事なもので、「道理」の規範が集約されたものと言えます。為政者側に、人間の現実観察と自然の摂理についての深い思索があったということだと思います。

「道理」というのは、日本の「自然道」と関連していると私は見ています。もともと名づけようもなく存在していた生きる規範のようなものを、道徳としてとらえ、「道理」と名づけたということでしょう。

それは、日本人本来の生き方はずっとこうであった、という感覚のようなものですから、一神教の「神から与えられた理性の光」とは違うものです。それでも西洋人は、生き方を支える抽象的な観念として「道理」を「理性」と置き換えて解釈しようとしたのです。

しかし、ザビエルは結局、日本人の内面に潜んでいる根源的な宗教性というものを見て取ることができず、多神教であるということで、未開の宗教観しか持ち合わせない民族という見方に落ち着くのです。

西洋の宗教学では、一神教であるキリスト教こそが一番高い宗教であって、多神教はもっと下位の宗教、ましてや自然道などというのはアニミズム、シャーマニズムのように原始的な宗教として、階級的な認識をします。そのために、ザビエルは日本人を見誤ったのです。幕府による弾圧がなくても、日本での布教活動は成功しなかったでしょう。今も日本でキリスト教徒が国民の一パーセントにも満たない理由の一端が、この辺りに潜んでいるように思われます。

日本を礼賛する著名西洋人たち

一方で、徳川家康に顧問として仕えたイギリスの航海士ウィリアム・アダムス（三浦按《あん》針《じん》）は、日本人の公正さを誉めています。「日本では法を犯すものはいかなる差別もなく公正に裁かれます。すべての人々は秩序によって治められている。つまり世界中でこの国ほど市民政治が確立されているところはない」とまで言っているのです。

幕末に来日したドイツ人医師・博物学者のシーボルトは、自然豊かな日本の景観を非常に誉めています。「寺社の林苑の何という崇高さ！　火山の頂きに映える緑の美しさ！　丘の斜面の常緑の樫《かし》、杉、月桂樹の何とうっそうと茂っていることか！　どのような人々が勤勉に働いて、こんなに自然を手なずけたのだろうか！　まさに賞賛に値する」など、植物学者としての観点からも感想を日記に記しています（『花の男シーボルト』大場秀章）。

長崎のグラバー亭で知られるスコットランド人・トーマス・グラバーは、幕末の日本で諸藩に対して武器を売りつけた、ある意味では悪名高い戦争商人のような人物ですが、外国人でありながら日本の近代化を助けた人でもあります。

グラバーは「私は日本の大名と何十万、何百万と取引したことがある。（中略）だが賄《わい》賂《ろ》は一銭も自分は使ったものはない。立派な武士の根生でやった」と語っていたそうです（『花と霜』）。

賄賂など、お金への欲望を超えたところに日本人の生き方があったということです。それは決して崇高な観念があったということではなくて、共同体でその人の評価が乱されると、その影響が尊敬すべき周りの人々にも及んでしまう恐れが、恥ずかしいとされる行為への強い抑制として働くのだと思います。

日本人は、お金では動かされない、買収のきかない民族だとみなされていたわけで、日本人自身にも、そこに誇りがあったと思うのです。その名残は、今も日本にチップの習慣がないところに見られるかもしれません。

よく引用されるのですが、イギリス人の女性旅行家・イザベラ・バードが明治一一（一八七八）年の日本を旅行した際、馬子がなくしものを一里も戻って探してきてくれて、しかもなお、お金を受け取らなかったということを『日本奥地紀行』に書いています。

台湾人の評論家・黄文雄《こうぶんゆう》氏も、日本を愛してやまない外国人の一人ですが、「日本に来た多くの外国人は、日本人が礼儀正しく、勤勉かつ親切で、他人に対してきめ細やかな配慮を行うことに感激する」といったことを述べています。日本人より客観的な視線で日本人を観察していると思うのですが、その黄氏が、日本人の気質を絶賛する外国人の記録は古今から枚挙にいとまがない、と『日本人こそ知っておくべき世界を号泣させた日本人』という本に書いています。

　そこでは、ザビエルやバードも取り上げられているのですが、面白いのは、有名な喜劇王チャップリンのエピソードでした。チャップリンは、雇っていた日本人秘書の誠実な態度に感銘を受け、一時は使用人をすべて日本人にしていた、というのです。普通の人でも、日本人であるというだけで信用があった、日本人がそれだけ信頼できるとみなされていたということでしょう。

　一九二二年に日本を訪れたアインシュタインのインタビュー記事も紹介されています。

「私はまず第一に日本の国民の歓待を心底から感謝しなければならない。そして地球上にこのような謙譲にして品徳のある国民が存在することを心に刻まなければならない。世界各地を旅行した私はいまだかつてこのような快い国民にであったことがない。日本の自然や芸術は美しく親しみ深い。また一種独特の価値ある家屋の構造についても、日本国民は欧州かぶれしないように希望してやまない。私は味噌汁を吸い、畳の上にも座ってみた。短い経験であるが、日本国民の日常生活を直に受け入れることができた外国人の一人であることを信ずる」（「朝日新聞」一九二二年一二月二二日）。

　アインシュタインは、一般の日本国民に一貫して品徳があると感じたからこそ、このような誉め方をしているのでしょう。

たくさんの外国人が日本の風景や日本人の気質を誉めてきましたが、その根本で結局、日本では教育を受けた人だけでなく、どんなに貧しい人でも道徳を身に付けているということに感心しているのです。すべての人々が秩序によって治められている。

それはつまり、日本人の知性とか道義とかいうものが、あとからの教育によって植え付けられたものではないことを物語っているのだと思います。日本では、道徳は教えられるものではなく、最初から身に付いているものであることを示しているのです。

そういうことも、もともとの自然道の性質に関連付けられるだろうと思っています。

「日本人は大木にも道徳を見ている」と喝破したクローデル

一六世紀以来、日本を訪れた西洋人が日本人を様々に賞賛してきたわけですが、表現や観点は少しずつ違っても、彼らが一様に驚き、誉めているのは日本人の道徳観なのです。それは近代以降も変わっていません。

大正一〇〜昭和二（一九二一〜二七）年までの六年間、駐日フランス大使として日本に駐在した詩人・作家でもあるポール・クローデルに『朝日の中の黒い鳥』という日本を考察するエッセイ集があります。教養ある文人であるだけに、日本人に対する観察が非常に細やかで、核心をついているところが多いのです。

クローデルは、日本のなかに何か永遠性があるということを語っていて、そこに日本の宗教を見ています。たとえば「宗教の目的はすべて、永遠なるものとの対比の下に、精神を謙遜《けんそん》と沈黙の態度の中に置くことにあ」ると定義することで、宗教がないとされる日本人の日常のなかにも宗教があることを発見しようとするのです。

しかし日本の宗教というのは、この目的には合致するものの、必ずしも教義があったり指導者がいたりするような西洋の宗教のかたちとは一致しません。西洋の観点からは、日本人は宗教を持っていないようにも見える。西洋的な宗教がなくても、謙遜や沈黙の態度を保てるのはいったいどうしてなのか、ということをクローデルは考えるわけです。

クローデルは、親交を深めた日本画家の竹内栖鳳《たけうちせいほう》のために書いた「自然と道徳」のなかで、日本の昔の画家たちの芸術について、「目に見える世界とは彼らにとって〈知恵《サジエス》〉への絶えることのない〈暗示《アリュージョン》〉であった」と述べています。日本の伝統的な絵画の持つ精神的な要素に大変魅かれていたのです。

さらに「この国に生える大木が言葉では言い尽くせないようなゆっくりとした感覚によってわれわれが悪へ走ることへの拒否《ノン》を言う」と興味深い指摘をしています。日本人には、自然の様々な存在、たとえば大きな樹木を見るとそれがそのまま道徳の教えと映り、人が悪へ走ることへの拒絶の身ぶりとして受け取られるとクローデルは見ているのです。日本人が木に対しても道徳を見ていることに気づいていたのです。

クローデルの鋭い観察力については、小堀桂一郎氏も『なぜ日本人は神社にお参りするのか』で「日本人が自然の木や花や石の語る言葉の中に永遠の智慧《ちえ》を聴き取る感覚を持っている。それがすなわち日本人にとっての宗教的啓示である」と読み解いていた、と感嘆しています。自然が日本人の道徳を作り上げ、それが宗教にもなっていることをクローデルは見抜いていたのです。

何か特定の超越的存在への崇拝、つまり神への崇拝あるいは畏敬《いけい》の念が道徳観に反映する、と西洋など多くの大陸の人々は考えています。それに対して日本では、自然と国土そのものへの畏敬の念が道徳を作っているのです。

日本人の「自然に対して頭を垂れる慎みの深さ」の背景に、宗教や道徳があることを発見していたのです。葛飾北斎の『神奈川沖浪裏』の描写が象徴するように、自然への畏敬の念、崇拝の念から日本の道徳観が生まれていることを私も論じてきたわけですが、まさにそのことを外国人でありながら気づいていたことに驚かされます。

むしろ、日本に関して客観的である外国人だからこそ気づけたのでしょうか。ラフカディオ・ハーンもやはり、日本の日輪信仰や泉崇拝、ご神木崇拝、巨岩崇拝などの習俗を取り上げて、日常的な周囲の自然が宗教となっていることを指摘しています。

クローデルは、ご神木のことなど神道について直接述べているわけではないのですが、樹木一般に対する日本人の畏敬の念を鋭く指摘しています。神社に行けば、しめ縄が張られた老木が神木として尊敬を受けているのをどこでも見ることができますから、日本人が老木に異常な関心と畏敬の念を持っていることはすぐにわかります。

しかし、その背後に「大木の道徳」とでもいうような日本人の道徳観までを見たことは驚嘆すべきことです。日本人が大木を敬う態度に表れる理念を、クローデルは直感的に感じ取っていたのでしょう。大木というものが言い尽くせない永遠の姿を持って、人間が悪に走ることに対して否《いな》を言うというような観察は、慧眼《けいがん》というほかありません。私が論じる「自然道」を、いみじくも解説してくれているのです。

日本人はよく「年輪」という言葉を使って人の経験や知恵を形容することがあります。「大木の道徳」は年輪に示され、それはつまり、長い命の時間を表しています。年輪が増えれば増えるほど、人々の尊敬の念も増すのです。

関東大震災でも世界を感動させていた

クローデルはまた、「日本人は自分の国土との一体感を通じて、国土が自分たちに示す姿を前にして深く敬虔《けいけん》な思いを抱いている。それが日本人の愛国心の根源の姿なのである」といったようなことも言っています。このクローデルの直観に対して共感する日本人は、現在でも多いのではないでしょうか。

日本人の魂の特質に、国土の自然の美しさの前に頭を垂れる慎みの深さがあるということは、くりかえしいいますが、二〇一一年三月一一日の東日本大震災で地震や津波など様々な自然災害を経験して、あらためて日本人自身にも認識し直されたように思います。

しかし、世界は驚いたのです。あれだけ暴虐な自然であったにもかかわらず、その自然に対して日本人が崇敬の念を持ち続けていること、その態度の謙虚さに驚かされるわけです。どうして日本人はこのような道徳を得ることができたのか、と。

その崇敬の念というものを、クローデルは、日本に来ていた大正末期にもやはり感じていました。大正一二（一九二三）年に起きた関東大震災にクローデルも罹災し、目撃した大混乱のなかの整然とした人々の姿に驚いて次のように記しています。

「生存者たちが群れ集った巨大な野営地で過ごした数日間、私は不平一つ聞かなかった」

「唐突な動きとか人を傷つける感情の爆発によって隣人たちを煩《わずらわ》せたり迷惑をかけたりしてはならないのである。同じ一隻の小舟に乗り合わせた人々は皆じっと静かにしていなければならない」

九〇年が経っても、日本人のありようがほとんど変わっていないことに気づかされます。そして、その変わらない部分に世界が驚き、賞賛するのです。

どの国にも長所短所があり、誉められたり貶《けな》されたりするのですが、日本人の道徳は、一貫して世界から賞賛され続けています。このような例は他にはありません。なぜ、日本人だけがこのような特質を持っているのでしょうか。

それはやはり、日本独特の自然環境に起因するとしか考えられません。それほど、自然が生物に与える影響は大きいのです。

第3章

人類史も証明する自然道

長幼の序は脳の発達による自然の摂理

人間のあり方の歴史を探ってみると、生物学的、進化論的な発達の視点からしても、年配者を敬う習慣というのは人間にとってごく自然なルールであることがわかります。

周知のように、人間というのは直立二足歩行をするところに特色があり、ここが猿やチンパンジーなど類人猿と人間とを隔てている重要な相違点です。つまり、人間という存在が成立したのは、立って二つの足で歩くようになってからと言ってよい。

直立二足歩行が脳の発達を促したために、人類だけが特別な知能を持つことになったのです。ただし、直立二足歩行の能力を獲得してすぐに人間の脳が大きくなったわけではありません。人類の祖先が二足で歩き始めたのが約七〇〇万年前、それから脳の大きさはずっとゴリラと同じ五〇〇ccを越えず、二〇〇万年前になってやっと六〇〇ccになったといいます。

脳より先に骨盤が大きくならないと、大きな頭の子どもが生まれてくることができなかったのです。人間は二足歩行を始めてからまず、上半身や内臓を支えるお皿状の骨盤を発達させて強度を増し、産道を大きくしたのです。それでも、人間は難産になってしまいました。

ゴリラの赤ん坊の脳は二五〇ccですが、人間の赤ん坊の脳は三五〇ccあります。他の動物はみな一人でお産ができるのに、今でも人間は一人では産めない。大きな頭の子どもを産む人間には、「難産」が一つの宿命になってしまったのです。

そのために、自然に、生まれ出ること自体の貴重さ、生まれ出た存在そのものの貴重さが、人間に強く意識されることになりました。

しかも、人間は生まれてからの成長速度も遅い。ゴリラの脳は、生まれてから四年のうちに二倍になって大人と同じ五〇〇ccに達しますが、人間の脳はゴリラのようには成長しません。生まれてから一年の間に二倍になり、五歳で成人の脳の九〇パーセントに達するものの、そこから速度を緩めて一二～一六歳でやっと大人の脳になるのです。現代人の成人の脳は平均約一四〇〇ccですから、十数年かけて生まれたときの約四倍になります。ゴリラと比べてはるかにゆっくりしています。

七五三のお祝いは、もしかするとこの脳の発達段階に関わっているのかもしれません。単に子どもの成長を祝うという意味だけではなくて、脳の発達が一つの段階に達して人間らしくなったことを確認し、祝う。

脳というのは、エネルギーをやたらに食うコストの非常に高い器官で、成人でも脳の重さは体重の二パーセントしかないのに、休息しているときでさえ基礎代謝の二〇パーセントもエネルギーを消費するそうです。成長期の子どもは、摂取エネルギーの四〇〜八〇パーセントも脳に費やしているといいます。ですから、脳が急速に成長しようとすれば、身体の成長に使うエネルギーをどんどん脳に回していかなければならなくなるのです。

ゴリラの赤ん坊は八キログラムの小さな身体で生まれてきますが、五歳になるまでに五〇キログラムに達します。しかし人間の赤ん坊は三キログラムくらいの重い体重で生まれるのに、五歳になっても二〇キロを超えません。脳の成長にエネルギーを取られるために、身体の成長が遅れることを示しているのです。

人間の赤ん坊の体重が重いのは、体脂肪率が一五〜二五パーセントもあるからです。ゴリラの赤ん坊の五パーセントに比べてはるかに高い。動物学者の研究では、これも、エネルギーの供給が不十分なときに脂肪を燃やして脳の成長に支障がないようにする工夫、と結論づけています。

ところが驚くべきことに、人間の赤ん坊は成長が遅いにもかかわらず、離乳が早いのです。生後一〜二年、遅くても三年で離乳してしまいます。類人猿の赤ん坊は離乳が遅く、最も早く離乳するゴリラでも二〜三年、チンパンジーは四〜五年、オランウータンでは七〜八年も乳を吸っている。出産年齢は、ゴリラでは一〇〜一二歳、オランウータンでは一四〜一五歳。人間はいちおう一七歳以上と考えると、離乳から出産年齢までの期間がずっと長い。離乳が早いのに成長は遅く、自立までに時間がかかる。となると、その間どのようにして生きのびるのか、という問題が生じます。

だいたい歯ができてくるのが六歳ぐらいですから、早く離乳してしまうと栄養が摂れないこともあります。ここに、人間の幼児死亡率が非常に高くなる原因があるのです。男性が成人しても、女性の乳房に執着するのはこの乳離れの異常な早さが原因でしょう。

栄養の問題だけでなく、外からの侵入者、あるいは動物たちに対して人間がとても弱いことも考え合わせると、子どもは常に保護されていなければならない存在であることがわかります。それは、二足歩行のお蔭で人間だけが得ることができた様々な特殊能力と引き換えに、支払わなければならない代償なのでしょう。

それだけ、脳の発達が人間を人間たらしめる重要な役割を担っていて、それが人間の精神性なり、独自な存在であることの基盤になっています。

また、人間のあり方に非常に重要な感覚を生み出していくのです。つまり、人が生まれるということの貴重さ、家族や共同体のなかで子どもの存在の重要さが、強く人々に認識されるわけです。それは当然、子どもに対しての愛情、存在そのものに対する慈しみの念を強くします。

同時に、健康でなければ成立しない「年をとる」ということ、そして年をとることでしか重ねられない人間の年輪の重要さに人々の思いが至ることになるのです。

人類史のトピック「老年期」の出現

人間の生活周期を三つの時期に分類する考え方があります。まず授乳期から授乳に代わる食物や栄養の供給が必要な繁殖前の子ども期を「幼少年期」、それから繁殖能力を持つ青年期から壮年期の「青壮年期」。一二〜一六歳の青年期には、脳が大人の大きさに達してエネルギーを身体の成長に回せるようになるので、身体が急速に発達します。そして繁殖から引退したあとの「老年期」が続きます。

ただし、「老年期」という存在が確実になるのは約三万年前だというのです。それ以前は、老年になる前に病気あるいは老衰で死んでしまっていたのでしょう。老年の骨は、三万年前頃のものからしか発掘されないため、それ以前の「老年期」の存在は認められていません。

動物もそうですが、老年に近くなって病気になると、人間は捨てられていたのです。それが、三万年前頃から老年になっても生き続けられるようになったのでしょう。繁殖をすること、子孫を残すことが目的で動物が生きているとすれば、その能力を失ったところで死ぬのが当然なのですが、人間は繁殖能力を失ってからも二〇年、三〇年生きることが可能になり、その結果、「老年期」が存在するようになったのです。

「老年期」の出現が、老人の存在を尊敬されるものとし、長く生きていること自体に尊敬の念が持たれるようになりました。さらに面白いのは、老人の役割というものが出てきたことです。

五〇歳前後で子どもを産むことができなくなっても、人間が二〇年、三〇年と生き続けることができるようになったのはなぜなのでしょう。寿命が延びたのなら、繁殖年齢が伸びてもよかったはずです。

しかし、類人猿のお産がわずか数秒から数分で終わるのに比べて、人間のお産は長くて難産になりがちです。体力勝負で危険を伴うお産を老年期前にやめてしまうことは、理に適っているのでしょう。

それならば、繁殖能力を失ったあとの世代の役割は何かというと、やはり出産を助け、孫たちのお守りをすることです。繁殖をサポートするところに老年の生存価値があると推測されます。自然淘汰が子孫をたくさん残す方向に働くとすれば、お婆さん、お爺さんの存在も進化論に矛盾しないと、動物学者は考えているようです。

老人が孫に教え、孫を守ることによって、現役の父母に対しても知恵を与えることになります。その経験、知識というものが尊敬されるようになり、年齢におけるヒエラルキーのもとができるのです。

やがてそれが発展し、年の差が、尊敬あるいは謙譲といった人間関係一般の間の取り方の基本になるのは自然の成り行きと言えます。人間の成長の過程を見れば、そのなかで「長幼の序」が定着する理由は無理なく見つかるのです。

日本ではサルも年長者を敬う

年配者を敬い、尊重する思想が、自然から与えられた人間本来の秩序感から来るものだとすると、それがなぜ西洋にないのか、中国大陸にないのかという疑問が生じます。

それは結局、自然の生存形態を破壊する要素が外から来る率が大きいか小さいかという違いにかかっているのだと思います。西洋や大陸の場合は、大きな動物が襲って来たり、敵が侵略して来たりしますから、生き延びるためには絶えず戦っていなければなりませんでした。

ところが、日本は海に囲まれているため、外からの攻撃がほとんど不可能。労せずに安全な環境が確保されてきました。同時に自然が豊かで食べるのにも困りません。前述したように、人が一人で生きることさえ可能な条件が揃っていたのです。

外から破壊される要素がないために、内的な人間の成長もじっくり醸成され、社会のなかでの人のつながり方にもそれがそのまま反映されたのです。そこでは年齢関係が重要性を帯びてきます。脳の発達は、まさに知識、経験というものを堆積《たいせき》した「能力の差」というものを見せつけてくるわけですから。

ちなみに、人類学者によると、人間の脳が発達したのは数の認識力を上げる必要性があったからだといいます。

人間にしても類人猿にしても、家族を中心とした共同体の群のなかで過ごすため、同じ共同体内部での個体を見分ける認識能力、「この人はわれわれのグループで、この人は見たことがない」という区別をする力が必要になります。認知力を上げる必要性というのが、脳を発達させる最初の段階での基本的要因だと人類学者は言っています。

集団のなかから顔や姿で一人ひとりを目で見分けられる数が、チンパンジーなどサルの場合は五〇、人間の場合は一五〇とされています。それだけ人間は脳を発達させて認知能力を高めてきたわけです。

姉・妹、兄・弟の区別をせず、きょうだいは全部同じとする西洋人は、個々を識別する観点として、年齢の違いは小さなことで、あまり重要視すべきものではないという考えであることがわかります。

日本ではそうではなく、年齢の違いは個々を区別するために重要な要素ととらえられてきました。時間的な長短というものが人生の秩序に通じているとする、自然観に基づく考えが根底にあるからです。それが敬語の使い方にも反映しているのだと思います。

地域によってこれほどの違いが生じるのに、環境の違いの影響の大きさは計り知れません。猿の世界でも風土によって文化が違うことが報告されています。たとえば、オランウータンやゴリラなどのアフリカ大陸の類人猿と違って、ニホンザルには年長者を敬う感覚があるというのです。

母系社会と父系社会の差

ニホンザルの世界と、ゴリラ、オランウータン、チンパンジーの世界との大きな違いは、まず、母系制か父系制かというところに表れています。

ニホンザルなどアジアのサルは、形からしてチンパンジーやゴリラのような攻撃性があまりないことでもわかるように、比較的外敵が少ない生活環境、過酷ではない気候風土に暮らしています。平和な世界のなかでは、母系制を基本とする血縁社会が成り立ちやすく、ニホンザルも「母系社会」なのです。

ニホンザルのメスは一生、自分と血縁の近い仲間と離れませんが、オスは思春期になると育った群れを離れてヒトリザルになったり、他の群れを渡り歩いたりします。オスが放浪するのは、近親相姦《そうかん》を避けるためだろうと考えられています。

ニホンザルの「母系社会」に対して、ゴリラ、オランウータン、チンパンジーの世界は「父系社会」です。アフリカ大陸では外敵の問題が非常に大きく、生物の生活を左右しているからでしょう。外敵から群れを守る「防御」だけなく、自分たちが「攻撃」側になる必然も、生存競争のなかでは出てきます。すると当然、オス中心の社会ができあがるのです。群れのなかの階級も、年齢や経験量ではなく、物理的な力の強さに基づきます。

オスが中心の社会では、近親相姦を避けるためにメスのほうが親元を離れてから繁殖を開始するという特色があります。ニホンザルとは正反対の非母系社会、つまり父系社会ができるのです。

これはある意味では当たり前なのかもしれません。第１章でも触れたように、西洋では神話までが男性中心になっています。ヘラが姉であるにもかかわらず、力の強い弟のゼウスが支配者になるギリシャ神話に、実力主義の考えが反映しているのです。

もう一つ、ニホンザルと違う特徴として、ゴリラ、オランウータン、チンパンジーは老齢の個体が単独で生活しているところが見られないことが挙げられます。老齢になって群れを離れれば、攻撃されやすく危険だからです。

日本では殺される確率が低いので、ニホンザルのメスに拒絶されたオスは、老齢でも群れから離れて一人で生きることができます。

ところが、チンパンジーのオスは老後も生まれ育った群を離れません。壮年期の仲間に守られないと生きていけないのです。年を取って力が衰えると群れのなかでの優劣の順位が下がるのですが、それでも群を出て行くことはありません。老齢ザルに与えられる子育てという役割はあるので、群れのなかに何とか居場所を確保するのです。

しかしながら、生存競争の激しい群れ社会のなかで、老ザルは力を失っていくと同時に存在価値も低くなり、優先権もなくなります。老人だからといって尊敬されないということが、ある意味で既定になっていくのです。

アフリカや大陸の類人猿は、老後を尊敬される存在では過ごせないようです。

「老い」も進化する

　ところが、ニホンザルの世界も日本人に似ていて、オスメス関係なく老齢個体は一目置かれるというのです。山極寿一氏の「老いはどのように進化してきたか」（『達老時代へ』）というエッセイから、屋久島で観察されたニホンザルのエピソードを紹介しましょう。

　屋久島では、秋から冬の交尾時期に、発情したメスと群れの外のオスが連合し、血縁の近いメスが加わって一つの群れが分裂し、新しく二つの群れができていました。ある日、この二つの群れが大木の下で出会い、お互いに叫び声をあげながら相手の群れを警戒し、威嚇し合っていました。

　すると、一方の群れの後方から老メス・ポッシーが一人出てきて、オスたちがにらみ合っている間を何食わぬ風情で通り過ぎて行ったというのです。オスたちも気勢がそがれた様子でポッシーに挑みかかるようなことはしませんでした。そのオスたちの視線を背に、もう一方の群れのなかに入って行ってしまったというのです。

　ポッシーの飄々《ひょうひょう》とした態度のお蔭で、分裂した二つの群れが過度な敵対関係に陥ることなく緊張の場面をやり過ごすことができたのです。

二つの群れをよく知っていて、どちらからも認知されている経験豊富な老メスの存在そのものが緩衝材になって、両者が戦いをやめてしまったという例です。ここでは、壮年期のサルの物理的なパワーではなく、老ザルならではの威圧感、あるいは「格」がものを言っているのです。

老メスの格の高さが感じられ、尊敬される存在であることを示しているようです。やはりかなり日本風のあり方と言えるでしょう。

自然環境によって、動物も生き方が変わることが見てとれるのではないでしょうか。人間も、お互いの種族の競争関係や脅威が強いと別の生き方をせざるをえませんが、平和な土地柄、穏やかな風土の日本という自然環境からは、それに応じた道徳観が育まれることも納得できるのです。

どちらが正当か、どちらが人間にとって順当なのか。

生存競争が多いか少ないか、自然の豊かさに囲まれて育ったかそうでないか、環境の違いは人間の生き方にバラエティを与えているにすぎませんから、どちらが正しいということはありません。しかし、自然が否定的に受け取られ、自然と敵対する西洋や大陸系の人間のあり方よりも、自然がそのまま肯定的に働いて受け入れられている日本のあり方のほうが、人間本来の生き方に近いように感じられます。

日本が世界から羨ましがられているのも、現代の文明社会にありながら、人々の生活のなかにいまだに自然とぴったり寄り添っているかのような部分があるところだと思うのです。結果的に表面に表れてくる日本人の生き方を、西洋人がただ感心しているという浅い理解で留まってはならないので、人間の本来のあり方が日本にあるということをもっと評価する必要があるのです。

たとえば法律とか戒律、道徳など、西洋ではまず言葉として発せられたものに従うべきという教育を受けます。しかし、アメリカの訴訟社会のように、言葉で作られた社会はあまりにも窮屈で、絶えず闘うことを強いられます。本来の人間のあり方に反しているのです。

日本では、自然的な存在そのものが道徳観を作り上げ、目には見えないそれが人間を自然に律しているのだろうと思います。

今は、人間にとって動物の脅威はないのですから、脅威があるとしたら戦争しかないわけです。国家や地域が安定し、戦争さえなければ、どの地域に住む人間も、日本的なあり方のほうがはるかに調和を保てますし、健全な社会ができます。人間のあり方そのものが肯定されているのです。

老齢者の価値を知っていた日本人

屋久島のニホンザルの社会の例では、もともとは仲間であった二つのグループがいがみ合う様子を見た老ザルが、その不毛さを若い世代に知らせる役割を果たしていました。自分たち双方にとって、戦うこと、殺し合うことは無駄だということ、必要ないこと、という知恵を老ザルが若い世代に授けたのです。

人類も、生き延びるために実は老齢者の経験や知恵が必要です。古来、そのことに価値を見、重視してきたのが日本人なのです。日本では、誰でも年齢を重ねれば重ねるほど、尊敬される度合が増していき、死んだあとはさらに尊敬されるべき存在になります。神になるのです。

こうした感覚が秩序となって道徳観とつながっていくわけです。それが、還暦から始まって傘寿《さんじゅ》、百寿《ひゃくじゅ》とずっと年齢によって言葉を変えて祝う習慣や、年長者に敬語を使う決まり、「年功序列」などの基盤になっているのです。

老齢者は、次の世代に知恵を授けるだけでなく、文化を創造する者でもあります。老人になってより強い創造意欲が湧いてくる画家や作家の例は枚挙にいとまがなく、経験がなければ生み出せないものもあるのです。若い感性の素晴らしさはもちろんありますが、えてして芸術の世界では、老齢であるほどよい作品を生み出します。

西洋でも同様のことが「メランコリー」という言葉で表現されています。人は老齢になるほどメランコリーになる、メランコリーになるほどそれが創造のもとになる、というようなことを、イタリアルネッサンス期の哲学者フィチーノ（伊 Marilia Ficino）などが言っています。

ミケランジェロが老人の姿で出てきたり、若いレオナルド・ダ・ビンチが髭《ひげ》の老人の姿で自画像を描いたりするのも、芸術家として老齢者への憧れがあるからでしょう。

日本でも、能では翁《おきな》が重要視されますし、江戸時代には、偉大な芸術家を、若冲《じゃくちゅう》＝「斗《と》米翁《べいおう》」、蕪村《ぶそん》＝「夜半翁」など「翁」を付けて呼んで敬意を表しました。

北斎など、七〇歳になって初めて「富嶽三十六景」を描き、九〇歳まで生きて旺盛《おうせい》に作家活動をしています。このような例は他にもいくらでも挙げられます。六〇歳になってそれまでの侍生活を引退し、出家して作家生活に入るというようなことはよくあったのです。

アメリカ化した現代の価値観では、老人は病人であることが当たり前のように受け取られ、健康であるだけでよしとされるような風潮がありますが、とんでもない歴史の無視だと思うのです。老人ほど、経験とともに豊かな創造力を持つ世代はなく、実際、老齢世代から生み出されてきた文化も多いということを私たちはもっと研究しなければならないと思います。

第4章

十七条憲法を読む

現代にも生きる日本最古の道徳書

ここまで、日本には古来、言葉なくして独特の道徳観があった、ということを見てきました。では、最初に、言葉で道徳が論じられ、定着されたものは何だったのでしょうか？

それが、聖徳太子の定めた「十七条憲法」とされています。

「十七条憲法」については、『日本書紀』（七二〇年）に、推古天皇一二（六〇四）年に成立したとの記述があり、そこに引用された全文が、現在のところ十七条の法文の初出です。

この憲法には、貴族や官僚を対象にした道徳的な規範が示されているのですが、それまで文字で表現されたことがなかった国民の道徳観が、初めて言葉として見えるかたちになったのです。

ですから、日本最初の憲法であり、日本の道徳の書としても最も古いこの「十七条憲法」を研究することは、日本人の精神のあり方を考える上で非常に重要だと思われます。

「十七条憲法」が成立した七世紀までに、日本には和邇《わに》によって三世紀から四世紀頃に『論語』と『千字文』、つまり儒教と漢字が伝えられ、さらに欽明《きんめい》天皇の一三（五五二）年に、百済《くだら》から金銅の仏像と経文がもたらされて仏教が伝来しました。当時の日本人にとって、新しい思想・哲学と文字を知った衝撃は計り知れないものだっただろうと思います。

五世紀頃にはすでに、漢字の音だけを利用して日本語を表す「万葉仮名」が使われていたことが確認されています。漢字がもたらされて一〇〇年ほどで、漢文を表記する道具としてはもちろん、日本語文を表記する道具としても日本人は漢字を使いこなすようになっていたのです。

『日本書紀』のように、日本的な漢語も並行して使われ続けていましたが、「十七条憲法」の時代にはすでに、外来の文字（漢字）を使いながら、訓読みする方法でこれまでの口承言語を自在に文字化する知恵を持っていたのです。

この知恵は、文字だけでなく思想・哲学にも応用されました。日本人は、文字同様に、中国から伝来した儒教、仏教などの言葉や概念を使って、それまで言葉なくして発展させてきた「自然道」に基づく道徳観を説明するようになったのです。現代に残るその最古のものが「十七条憲法」と言ってよいと思います。

「十七条憲法」は『日本書紀』に引用されていますから、漢語を使って書かれています。当然そこには儒教や仏教など中国伝来の概念の影響が見られます。しかし訓読みにした日本のもともとの考え方が骨格にあるので、やはり、その頃の日本人独特の道徳観が浮かび上がってくるのです。

自然の時間が作り上げてきた日本人の道徳観がどのように「十七条憲法」に盛り込まれているのか、原文読み下し文と現代語訳（日本の名著2『聖徳太子』中央公論社）を引用しながら見ていきたいと思います。

話し合いをするときの態度とは

一に曰《いわ》く、和をもって貴《とうと》しとし、忤《さから》うことなきを宗《むね》とせよ。人みな党《たむら》あり。また達《さと》れる者少なし。ここをもって、あるいは君父《くんぷ》に順《したが》わず。また隣里に違《たが》う。しかれども、上和《かみやわら》ぎ、下睦《しもむつ》びて、事を、論《あげつら》うに諧《かな》うときは、事理《じり》おのずから通ず。何事か成さざらん。

第一条

おたがいの心が和らいで協力することが貴いのであって、むやみに反抗することのないようにせよ。それが根本的態度でなければならぬ。ところが人にはそれぞれ党派心があり、大局を見通している者は少ない。だから主君や父に従わず、あるいは近隣の人びとと争いを起こすようになる。しかしながら、人びとが上も下も和らぎ睦まじく話し合いができるならば、ことがらはおのずから道理にかない、何ごとも成しとげられないことはない。

第一条では、上も下も睦まじく話し合いでやりなさいと言っています。上、下とありますが、話し合いをすれば自ずから方向が出て来ると言っているのですから、これは上から下へ一方的に命令する「支配―被支配」の関係の話ではありません。「従」ではなく、「和」なのです。むしろ、話し合いをすること、つまり「合議」が前提になっているところに注目したいのです。ここで問題にされているのは、話し合いをするときの態度なのです。

「主君や父に従わず、近隣の人びとと争いを起こすようになってはならない」というのは、共同体を大切にする「自然道」の考え方の基本形そのままです。家族が合わさって村落になり、それがたくさん集まって国家となる。その国家の長が君主とすれば、君主を尊重するのは当然という認識が前提として語られています。そして「他人に迷惑をかけない」という縄文時代からの心の掟《おきて》も大前提です。

人には党派心があるから、大局を見通している者は少ないという人間観にしても、自然の摂理の一つと受け取られているようです。人間は完璧《かんぺき》ではない。しかし共同体のなかは、従うべき何か厳然とした秩序、大木の年輪のようなものがあるのだとして、それに「道理」という言葉を当てています。条文では「事理」という言葉が使われていますが、「道理」

と同義と言っていい。平和的な話し合いで「道理」に到達することが理想なのです。

その理想を実現するために、やはり、十七条の最初に、人間が「間」の存在であることを確認し、「共同体を優先せよ、個人を優先して調和を乱してはならない」という社会道徳の基本理念を提示しているのです。西洋や中国では個人というものを常に前に出して、個人単位で物事が語られるのに対して、共同体を大事にすることが道徳なのだということを最初から明らかにしています。それが「十七条憲法」全体を通底する基本のテーマでもあり、日本の思想的な原理の一つでもあるのです。

だからと言って、これは個人を否定する理念ではありません。七〜八世紀に編まれた『万葉集』を読むと、この時代、身分の上下にかかわらず、いかに一人ひとりの個性があふれていたかということに驚かされます。第七条にも「人には、おのおのその任務がある」とあるように、「役割分担社会」だったのです。適材適所を心がけることで、初めて和を作ることができると考えられていたのです。ある意味、大変な平等思想ですし、民主的な発想と言えます。

これまで、この時代は階級社会で、支配者が被支配者を強制的に支配していたとする戦後マルクス主義的観点で論じられがちだったのですが、それでは説明のつかない社会だったことがわかります。

聖徳太子のこの「和」の概念は、儒教の影響を受けたものとよく言われています。『論語』に「礼之用、和為貴（礼の用は、和を貴しとなす）」とあるからです。しかし、ここの主語は「礼」であって「和」ではありません。「和合」「和敬」など、仏典でもしばしば用いられている「和」という言葉を、太子はむしろ仏教的な精神から取り上げたのだろうという見方もあります（中村元『聖徳太子』）。

儒教にしろ、仏教にしろ、その考えを深く理解していた太子は、日本人がそれまで言葉にしてこなかった概念と合致するような表現を儒仏から抜き出し、日本独特の概念を説明するのに都合よく利用したというのが真相ではないでしょうか。

仏教の教えは日本人の自然観に合致する

第二条

二に曰く、篤《あつ》く三宝《さんぼう》を敬え。三宝とは、仏と法と僧となり。すなわち四生《しょう》の終帰、万国の極宗《おおむね》なり。いずれの世、いずれの人か、この法を貴ばざらん。人、はなはだ悪《あ》しきもの少なし。よく教うるをもて従う。それ三宝に帰《よ》りまつらずば、何をもってか枉《まが》れるを直《ただ》さん。

まごころをこめて三宝をうやまえ。三宝とはさとれる仏と、理法と、人びとのつどいとのことである。それは生きとし生けるものの最後のよりどころであり、あらゆる国ぐにが仰ぎ尊ぶ究極の規範である。いずれの時代でも、いかなる人でも、この理法を尊重しないということがあろうか。人間には極悪のものはまれである。教えられたらば、道理に従うものである。それゆれに、三宝にたよるのでなければ、よこしまな心や行ないを何によって正しくすることができようか。

ここでは単純に「仏教の教えを守れ」、と理解されていますけれども、その「仏教の教え」とは、日本人の自然観と合致するという意味での理解のされ方だという点に留意する必要があるでしょう。

日本人が仏教を受け入れてきたのは、仏教の教えが、仏教伝来以前の日本の「自然道」を包含していると理解された結果だろうと思います。もともとの日本人の精神性と、釈迦《しゃか》の教えとが共鳴するようなところがあるからなのです。

この条文では、「悪しき者少なし」という前提に、日本人独特のあり方、考え方が濃く出ていると思います。自然に従う存在である人間そのものは本来善である、とする日本人にとって、仏教の概念は理解しやすいだけでなく、日本人のあり方を、より明確に理論付けてくれる思想体系だったのでしょう。

「生きとし生けるものの最後のよりどころ」「あらゆる国々が仰ぎ尊ぶ究極の規範」という表現からは、「仏教の教え」が宗教理念としてより、行動の規範となる「法」ととらえられていることがうかがえます。

三宝とは、人が守るべき「法」であり、「道理」を言葉で示してくれる道徳的指南書だったのです。

分を守ることが日本を作る

三に曰く、詔《みことのり》を承《うけたまわ》りてはかならず謹《つつし》め。君をば天とす。臣をば地とす。天は覆《おお》い、地は載《の》す。四時《しいじ》順《したが》い行ないて、万気《ばんき》通うことを得《う》。地、天を覆わんとするときは、壊《やぶ》るることを致さん。ここをもって、君言《のたま》うときは臣承る。上《かみ》行うときは下靡《しもなび》く。ゆえに詔を承りてはかならず慎め。謹まずば、おのずから敗れん。

第三条
天皇の詔を承ったときには、かならずそれを謹んで受けよ。君は天のようなものであり、臣民たちは地のようなものである。天は覆い、地は載せる。そのように分の守りがあるから、春・夏・秋・冬の四季が順調に移り行き、万物がそれぞれに発展するのである。もしも地が天を覆うようなことがあれば、破壊が起こるだけである。こういうわけだから、君が命ずれば臣民はそれを承って実行し、上の人が行なうことに下の人々が追随するのである。だから天皇の詔を承ったならば、かならず謹んで奉ぜよ。もしも謹んで奉じないならば、おのずから事は失敗してしまうであろう。

「天皇の詔を承ったときには、かならずそれを謹んで受けよ」というとあたかも絶対命令のようで、戦後は天が地を支配する「支配―被支配関係」、いわゆる封建制を象徴する箇所として受け取られてきました。しかし、よく読めば、そうした絶対王政を賛美するような文脈で述べられているわけではないことがわかります。

「君は天のようなものであり、臣民たちは地のようなものである」という表現には、天にも地にもそれぞれの分、役割があり、分が守られてこそ、春夏秋冬の四季が順調に移り行き、万物がそれぞれに発展する、と続くのですから、人間社会の支配―被支配の関係のことではなく、自然の調和を重んじる価値観が込められているのです。それが「君言《のたま》うときは臣承る」に重なるのです。

第一条には、「君父」という言葉が使われていますが、君も、父親も、年齢としての経験、知恵知識があることを体現する存在として従うことができるのです。

家族のなかでは父の経験が子どもにとっては絶対であり、学校へ行けば先生の教えがあり、「先に生まれた」先生の言葉を勉強しなければ自分の立場も作れない。そういう文脈で第三条も考えることができます。

ですから、天皇という存在は、それだけ叡智によって支えられていなければならず、天もまた、それを自覚し、努力して初めて詔を発することができる。君を天とするということはそういうことだろうと思います。

そして「分を守る」という態度が日本を作るための基本となると同時に、個々人の取るべき基本的態度でもあることも示しているのです。

日本独自の「礼」の基本

第四条

四に曰く、群卿百寮《ぐんけいひやくりよう》、礼をもって本《もと》とせよ。それ民を治むる本は、かならず礼にあり。上、礼なきときは、下、斉《ととのお》らず、下、礼なきときは、かならず罪あり。ここをもって、群臣礼あるときは、位次《いじ》乱れず。百姓《ひやくせい》礼あるときは、国家おのずから治まる。

もろもろの官吏は礼法を根本とせよ。そもそも人民を治める根本は、かならず礼法にあるからである。上の人びとに礼法がなければ、下の民衆は秩序が保たれないで乱れることになる。また下の民衆のあいだで礼法が保たれていなければ、かならず罪を犯すようなことが起こる。したがってもろもろの官吏が礼を保っていれば、社会秩序が乱れないことになるし、またもろもろの人民が礼を保っていれば、国家はおのずから治まるものである。

第四条での「礼」という言葉はもちろん儒教から来ていると思われますが、儒教の教える「礼」というのは、下の者から上の者に対する態度のことです。

ところが、ここでは上の礼と下の礼、両方について言及しています。「上の人びとに礼法がなければ、下の民衆は秩序が保たれないで乱れることに」なり、「下の民衆のあいだで礼法が保たれていなければ、かならず罪を犯すようなことが起こる」というのです。

上下を問わず礼儀が問われるのは、かなり日本的なことで、民を治める官僚の態度として「礼をもって根本とせよ」というところに、儒教が伝わる前、すでに独自の礼法が日本にあったことが示されていると思われます。確かに儒教から来ている言葉を使っているにもかかわらず、ここで提唱される礼法は、儒教の教えるそれとは少し違うものだからです。

同時にこの条文からは、背後に、官吏が民衆を治める制度の整った国家がすでに長く存続してきて、積み上げられてきたある種の経験のあることがうかがえます。官吏がすすんで礼儀を守らなければ、民は治まらないというのも、経験に裏打ちされた知恵であって、これから学ぼうとしていることではないでしょう。

「十七条憲法」が制定された時代の推古天皇は、第三十三代の天皇ですから、それまで営々と積み上げられてきた国家運営の経験という土台の上に書かれているのです。「国家おのずから治まる」という表現のなかに、すでにそれだけの国家が存続してきたことが示されているのです。

日本独自の「礼」の基本は、やはり「自然道」だということが類推できます。自然の時間の長さを基本にした道徳観が根底にあるのです。つまり、天皇という存在にしても、アマテラスから続く一番長い家系であるという権威付けがまずあります。この権威付けがなければ、「君をば天とす」ということが理解されないのです。

儒教が伝わる以前の言葉のない時代から、条文に表れているのと同様の道徳観がすでに日本にあったということ、同様の規律、あるいは礼節というものが行われてきていたことが、この第四条からは推測されるのです。

自然道の平等観

五に曰く、あじわいのむさぼり（餮）を絶ち、たからのほしみ（欲）を棄《す》てて、明らかに訴訟《うったえ》を弁《さだ》めよ。それ百姓の訟《うったえ》は、一日に千事あり。一日すらなお爾《しか》るを、いわんや歳《とし》を累《かさ》ねてをや。このごろ訟を治むる者、利を得るを常とし、賄《まいない》を見てはことわりもうす（讞）を聴く。すなわち財あるものの訟は、石をもって水に投ぐるがごとし。乏しきものの訴は、水をもって石に投ぐるに似たり。ここをもって、貧しき民は所由《せんすべ》を知らず。臣道またここに闕《か》く。

第五条

役人たちは飲み食いの貪《むさぼ》りをやめ、物質的な欲をすてて、人民の訴訟を明白に裁かなければならない。人民のなす訴えは、一日に千件にも及ぶほど多くあるものである。一日でさえそうであるのに、まして一年なり二年なりと、年を重ねてゆくならば、その数は測り知れないほど多くなる。このごろのありさまを見ると、訴訟を取り扱う役人たちは私利私欲を図るのがあたりまえとなって、賄賂《わいろ》を取って当事者の言い分をきいて、裁きをつけてしまう。だから財産のある人の訴えは、石を水の中に投げ入れるようにたやすく目的を達成し、反対に貧乏な人の訴えは、水を石に投げかけるように、とても聴き入れられない。こういうわけであるから、貧乏人は、何をたよりにしてよいのか、さっぱりわからなくなってしまう。こんなことでは、君に仕える官吏たる者の道が欠けてくるのである。

ここでは、法律で規制をしているわけではありませんが、役人の堕落を戒めています。訴訟を取り扱うのに、私利私欲に走ってはならず、貧しい人だろうと、富んだ人だろうと差別をしてはいけないということをはっきりと言っているのです。

これもやはり「自然道」の思想です。自然のなかでは人はすべて平等なのです。自然が作った人間は、機能として誰もが同じように作られており、同じような身体を持っています。作りだけでなく、同じような四季、同じようなお天道様、同じような自然条件のなかで生きるわけで、同じ秩序の下に生きるのです。

ですから「自然道」では人はみな平等なのです。貧富の差、職業の違いにかかわらず、人はすべて平等に扱われなくてはならないということを、自然が教えてくれるのですから。

しかし、共同体、あるいは国家というものを作ると、そこに必ず上下の関係ができます。それを自然の秩序に従って行おうとすれば、年齢が基準になるのです。樹木なら、年輪があればあるほど老木、神木として認定されるのと同じことです。こうした自然的秩序が共同体的秩序に貫かれていることが日本では重要なのです。

君臣の関係が、この天地の秩序に適ったものであること、君も役割、臣も役割、農民も役割、仕事によって分け隔てなく、それぞれの役割をまっとうすることを当然としています。「十七条憲法」の基本的理念として、「自然道」からの平等観が根底にあることが読み取れると思います。すでに行われていた自然の秩序というものがあったが故に、儒教や仏教が伝来したときにすぐさまそれを言葉で表現することができたのです。

しかし、人間というのは必ず自然の秩序を乱す存在であることも承知しておかなくてはなりません。この条文からは、貧しい人をまるで粗末に扱う官僚たちが当時もいたことがわかります。

役人の「悪」が国を乱す

六に曰く、悪を懲《こ》らし善を勧むるは、古《いにしえ》の良き典《のり》なり。ここをもって、人の善を匿《かく》すことなく、悪を見てはかならず匡《ただ》せ。それ諂《へつら》い詐《あざむ》く者は、国家を覆《くつがえ》す利器なり。人民を絶つ鋒剣《ほうけん》なり。また佞《かだ》み媚《こ》ぶる者は、上に対しては好みて下の過《あやまち》を説き、下に逢いては上の失《あやまち》を誹謗《そし》る。それ、これらの人は、みな君に忠なく、民に仁なし。これ大乱の本なり。

第六条

悪を懲らし善を勧めるということは、昔からの良いしきたりである。だから他人のなした善は、これをかくさないで顕わし、また他人が悪をなしたのを見れば、かならずそれをやめさせて、正しくしてやれ。諂ったり詐《いつわ》ったりする者は、国家を覆し亡ぼす鋭利な武器であり、人民を断ち切る鋭い刃のある剣である。また、おもねり媚びる者は、上の人びとに対しては好んで目下《めした》の人びとの過失を告げ口し、また部下の人びとに出会うと上役の過失をそしるのが常である。このような人は、みな主君に対しては忠心なく、人民に対しては仁徳がない。これは世の中が大いに乱れる根本なのである。

第六条は、『論語』＝儒教の影響がことに強い条文だと思います。忠とか仁とかいうのは明らかに儒教の思想から来ている言葉です。おそらく聖徳太子自身もそのことは意識して書いたに違いないのです。

しかしここは、「悪を懲らし善を勧める」＝「勧善懲悪」が、「十七条憲法」が書かれる以前、昔からの良いしきたりであるというように、実態そのものはすでに日本にあった道徳的概念を、儒教の用語を使ってうまく解説している例としても見ることができると思います。

善も悪も、人間社会があれば自然に起こりうることですが、ここでは、特に役人の「悪」について儒教を借りて明確にしようとしています。

諂《へつら》い欺くような人、おもねり媚びるような人を「悪」の筆頭に挙げ、それが主君に忠心なく、人民に対して仁徳がないことと同等だから、国を乱す原因となる、と儒教的概念に当てはめて戒めているのです。

役人の品格

七に曰く、人おのおの任あり。掌《つかさど》ること、濫《みだ》れざるべし。それ賢哲、官に任ずるときは頌《ほ》むる音《こえ》すなわち起こり、奸者《かんじゃ》、官を有《たも》つときは、禍乱すなわち繁《しげ》し。世に、生まれながら知るひと少なし。よく念《おも》いて聖《せい》となる。事、大少となく、人を得てかならず治まる。時、急緩となく、賢に遇《あ》いておのずから寛《ゆたか》なり。これによりて、国家永久にして、社稷《しゃしょく》危うからず、故に、古の聖王、官のために人を求む。人のために官を求めず。

第七条

人には、おのおのその任務がある。職務に関して乱脈にならないようにせよ。賢明な人格者が官にあるときには、ほめる声が起こり、よこしまな者が官にあるときには、災禍や乱れがしばしば起こるものである。世の中には、生まれながらにして聡明《そうめい》な者は少ない。よく道理に心がけるならば、聖者のようになる。およそ、ことがらの大小にかかわらず、適任者を得たならば、世の中はかならず治まるものである。時代の動きが激しいときでも、ゆるやかなときでも、賢明な人を用いることができたならば、世の中はおのずからゆたかにのびのびとなってくる。これによって国家は永久に栄え、危うくなることはない。ゆえに、いにしえの聖王は官職のために人を求めたのであり、人のために官職を設けることはしなかったのである。

もともと、生き物はすべて健康に健全に生きることを目的としています。生まれながらの悪人や善人がいるわけではありません。それでも、朽ちる木もあれば、成長できない木もあり、自然にも、運不運や、生存競争があるのです。善人だけでなく悪人もできるのは、自然の負の面でもあります。

それを承知の上で、ここでは、役人は人格者でなければならないことが強調されています。どんなに制度を整えても、運用するのが悪人であっては国が乱れるというのです。逆に、いったん役人にふさわしい適任者を得たならば、世のなかは必ず治まるといいます。そのことへの信頼は絶大です。何があっても、自然に従っていれば大丈夫という、自然への信頼が根本にあるからです。

世のなかにはいろいろな人間がいますが、それぞれにふさわしい職分というものを自然が与えてくれています。ここでも、儒教的な表現を借りながら、人間がその自然を乱しさえしなければ、すべてがうまくゆくという日本古来の「自然道」に基づく理念が条文になっているのです。

自然の時間に合わせて働け

第八条

八に曰く、群卿百寮、早く朝《まい》りて晏《おそ》く退《まか》でよ。公事盬《いとま》なし。終日《ひねもす》にも尽くしがたし。ここをもって、遅く朝るときは急なることに逮《およ》ばず。早く退るときはかならず事尽くさず。

もろもろの官吏は、朝は早く役所に出勤し、夕はおそく退出せよ。公の仕事は、うっかりしている暇がない。終日つとめてもなし終えがたいものである。したがって、遅く出仕したのでは緊急の事に間に合わないし、また早く退出したのでは、必ず仕事を十分になしとげないことになるのである。

第八条では、公僕としての役人の働き方、気構えについて、労働時間を基準に説いていきます。同時に、「自然道」に基づく生活時間についても語っているのだと思います。

木こりにしろ、漁民、農民にしろ、自然を相手に仕事をしている人は、日の出から日没までというように、自然に応じた時間で働かなければなりません。しかも、その範囲で仕事が多くても少なくても臨機応変に対応しなければならないのです。自然の時間に関係なさそうな役人に対しても、自然の時間に合わせて働くよう戒めているのではないでしょうか。これも、「十七条憲法」以前からの経験知の上に立った憲法だと言えるでしょう。

自然に合わせる労働の仕方では、必ずしも時間が定まらないという特徴があります。同じ日の出から日没までにしても、季節によって長くなったり短くなったりします。仕事は朝八時から午後五時まで、などときちんとコントロールされている近代人にはなかなか理解できないことでしょう。しかし、日本人は今も、時間ではない基準、たとえば仕事の進み具合などに従って生活時間を決める習慣があるのではないでしょうか。時間の長さで人間の労働量を計る近代以降のマルクス主義的な価値観は、日本人には本来合わないのです。
神との関係で、契約として結ばれた西洋の道徳と、自然との関係を軸として培われてきた日本の道徳との違いが表れているところだと思います。

真心をもって事に当たれ

九に曰く、信はこれ義の本なり。事ごとに信あるべし。それ善悪成敗はかならず信にあり。群臣ともに信あるときは、何事か成らざらん。群臣信なきときは、万事ことごとくに敗れん。

第九条
まこと（信）は人の道（義）の根本である。何ごとをなすにあたっても、まごころをもってすべきである。善いことも悪いことも、成功するのも失敗するのも、かならずこのまごころがあるかどうかにかかっているのである。人びとがたがいにまごころをもって事にあたったならば、どんなことでも成しとげられないことはない。これに反して人びとにまごころがなければ、あらゆることがらがみな失敗してしまうであろう。

何ごとをなすにあたっても真心をもってすべきである、というのは最も日本的な道徳律ではないでしょうか。「十七条憲法」のはるか以前から日本人が守ってきた生き方の基本であり、今でも多くの日本人の態度を律している考え方です。おそらく「まこと」も「まごころ」も口承言語時代にはすでにあった言葉なのでしょう。漢字渡来後に、「真」「信」「誠」あるいは「真心」などと当てはめたのです。

心というのは、自然自体が持っている「気」と言ってもよいですし、本質的な成長エネルギーととらえてもよいと思います。エネルギーというものがあるからこそ「自ら然り」、木がどんどん大きくなって緑の芽を付け、それが幹となり、葉になって成長していくと花が開く。そこに自然の真心の発露があると考えられているのです。真心がなければ朽ちてしまいます。真心はすなわち、自然神であるとも言えると思います。

また同時に、自然が自然に行っている「事」を人々が知っているということが、人々に真心がある、ということだろうと思います。必ずそこに依拠することができるものが自然であり、人々はそのことを信用する。そういう態度を日本人が持っていることを示しているのが、信《まこと》、信頼という言葉なのです。

人々が互いに真心をもってことにあたったならば、どんなことでもうまく行くというのは、やはり自然というものを見ているから湧いてくる確信だろうと思います。これこそ「自然道」の基本の考え方でしょう。

『万葉集』の歌には、そういう確信が自然の言葉として詠まれているように思います。必ずそこに季節や自然に対する賞賛あるいは信頼というものが詠み込まれ、和歌を根本的に支えています。それはまさに自然の心を人々が信頼していることの表れでもあります。

人間はみな凡夫にすぎない

十に曰く、こころのいかり（忿）を絶ち、おもてのいかり（瞋）を棄てて、人の違うことを怒らざれ。人みな心あり。心おのおの執るところあり。かれ是《ぜ》とすれば、われは非とす。われ是とすれば、かれは非とす。われかならずしも聖にあらず。かれかならずしも愚にあらず。ともにこれ凡夫《ぼんぶ》のみ。是非の理、詎《たれ》かよく定むべけんや。あいともに賢愚なること、鐶《みみがね》の端《はし》なきがごとし。ここをもって、かの人は瞋《いか》るといえども、かえってわが失《あやまち》を恐れよ。われひとり得たりといえども、衆に従いて同じく挙《おこな》え。

第十条

心の中で恨みに思うな。目に角《かど》を立てて怒るな。他人が自分にさからったからとて激怒せぬようにせよ。人にはみなそれぞれ思うところがあり、その心は自分のことを正しいと考える執着がある。他人が正しいと考えることを自分はまちがっていると考え、自分が正しいと考えることを他人はまちがっていると考える。しかし自分がかならずしも聖人なのではなく、また他人がかならずしも愚者なのでもない。両方とも凡夫にすぎないのである。正しいとか、まちがっているとかいう道理を、どうして定められようか。おたがいに賢者であったり愚者であったりすることは、ちょうどみみがね（鐶）のどこが初めでどこが終りだか、端のないようなものである。それゆえに、他人が自分に対して怒ることがあっても、むしろ自分に過失がなかったかどうかを反省せよ。また自分の考えが道理にあっていると思っても、多くの人びとの意見を尊重して同じように行動せよ。

「結局人間というのは凡夫にすぎない」というのは、究極の人間観ではないでしょうか。人間一人ひとりの違いというのは、大きな自然の前では微々たるものでしかなく、各々の人間の能力にも限界があり、大したものではないということを言っているのです。

ここには、人間を俯瞰《ふかん》して眺める客観的で成熟した視点があり、その視点からすると、善悪や正しい間違っている、などの差はないに等しい。そこからは、どんな人間も等しいととらえる平等意識が芽生えます。さらに、一人ひとりがちっぽけだからこそ、人々が力を合わせる意味や効果があり、突出した一人の意見ではなく、多くの人がよいと思った意見に従うのがより安全であることも認識されています。

ここにあるのは、経験的に積み上げられてきた知恵の集積なのです。使われる言葉は明らかに仏教の用語ですが、そうした道具を借りて、古くから日本人が蓄積してきた極めて日本的な思想を諭している条文と言ってよいと思います。

現代の平等主義、平和主義、民主主義につながる先駆的な思想とも言えるでしょう。

賞罰を間違ってはならない

十一に曰く、功過《こうか》を明らかに察《み》て、賞罰かならず当てよ。このごろ賞は功においてせず、罰は罪においてせず。事を執る群卿、賞罰を明らかにすべし。

第十一条

下役の者に功績があったか、過失があったかを明らかに観察して、賞も罰もかならず正当であるようにせよ。ところが、このごろでは、功績のある者に賞を与えず、罪のない者を罰することがある。国の政務をつかさどるもろもろの官吏は、賞罰を明らかにして、まちがいのないようにしなければならない。

この条文では、賞罰を間違ってはならないということが強調されています。罪のない者を罰するのもいけないが、功績ある者の行為を認めない、あるいは無視するようなことがあってもいけない。公平であることの重要性がまず確認されます。そして、社会においては、人間が意志的にならなければ、公平性を保てないことが言われているのです。

ここには、太陽光がすべての人に公平にあたるように、社会においてもすべての人に同じようなことが同時に行われるべきだという大前提があります。やはり「自然道」の教えが根底にあるのです。

地方の統治への戒め

十二に曰く、国司・国造、百姓に斂《おさ》めとることなかれ。国に二君なし。民に両主なし。率土《そつと》の兆民は王をもって主となす。所任の官司はみなこれ王臣なり。何ぞあえて公と、百姓に賦斂《おさめと》らん。

第十二条

もろもろの地方長官は多くの人民から勝手に税を取り立ててはならない。国に二君はなく、民に二人の君主はいない。全国土の無数に多い人民たちは、天皇を主君とするのである。官職に任命されたもろもろの官吏はみな天皇の臣下なのである。公の徴税といっしょにみずからの私利のために人民たちから税を取り立てるというようなことをしてよいということがあろうか。

天皇の力が及ばないような地方では、国司が勝手に税を取り上げて自分の財を肥やすようなことが横行していたのでしょう。それを禁じる条項です。

同時に、あるべき国家観というものも示されています。一人の統率者に責任を与え、従うべき役人は、勝手にその職分を超えてはならないということが諭されているのです。

家族では父が中心にあることが自然なように、国家でも一人の君主を立てて中心にすることが自然であるとする認識がまずあります。ただ、この場合の君主は絶対君主ではありません。君主にも、役人にも、国民にも、それぞれにふさわしい「分」があり、その則を超えないことが重視されているのです。

これまでの憲法でも、君主になった者は必ず下の者を厚く扱えと言われてきているように、君主は君主の職分を守ってこそ、役人の職分が守られる。このことが支配者の道徳にも道理として受け入れられており、それが根底にあっての「国に二君なし」なのです。非常に近代的な国家観を持っていたのです。

不測の事態に備え協力態勢を築け

十三に曰く、もろもろの官に任ぜる者、同じく職掌を知れ。あるいは病《やまい》し、あるいは使して、事を闕《おこた》ることあらん。しかれども知ることを得る日には、和《あまな》うことむかしより（曽）識《し》れるがごとくせよ。それ与《あずか》り聞かずということをもって、公務をな防げそ。

第十三条

もろもろの官職に任ぜられた者は、同じくたがいの職掌を知れ。あるいは病にかかっていたり、あるいは出張していて、仕事をなしえないことがあるであろう。しかしながら仕事をつかさどることができた日には、人と和してその職務につき、あたかもずっとおたがいに協力していたかのごとくにせよ。自分には関係のなかったことだといって公務を拒んではならない。

この十三条からも、それまでの国家運営のなかで積み重ねられてきた役人の経験が、そのまま生かされて、その注意点が条文になっていることがうかがわれます。病気や出張で人が急にいなくなった場合に、周囲がいつでも代われるように、お互いの仕事を把握しておきなさい、協力し合いなさい、というのです。

こうした行き届いた官僚のあり方は、同時に共同体のなかの論理でもあります。国家だけでなく、会社、学校などの共同体のなかの道徳、心のあり方を示しているので、今日でも通用する道徳律でもあるのです。現代日本人にとっても当たり前のことではないでしょうか。「十七条憲法」の時代は「古代」といいますが、古代ではない、ということもよく示していると思います。

これが現代にも通じるということは、組織のあり方そのものが、規模こそ違え、当時も今もほぼ同じものだということを示しています。現代日本で行われている国家運営の機構も、運営する側の哲学も、「十七条憲法」の時代には基礎ができあがっていたということです。

その意味で、「十七条憲法」は非常に近代的なのです。

海外旅行に行った日本人がトラブルなどに遭って急ぎ解決しようにも、担当者が休暇をとっていてわからないから来週また来るようにと言われたり、営業時間が終了したから今日は対応できない、などと言われて驚かされるのは、日本では、担当者不在を理由に困っているお客を放ったらかすような習慣がないからです。それはすでに「十七条憲法」に明記されているのです。

他人を嫉妬してはならない

十四に曰く、群臣百寮、嫉妬あることなかれ。われすでに人を嫉《うらや》むときは、人またわれを嫉む。嫉妬の患《うれ》え、その極《きわまり》を知らず。このゆえに、智おのれに勝《まさ》るときは悦ばず。才おのれに優《まさ》るときは嫉妬《ねた》む。ここをもって、五百歳にしていまし今賢に遇《あ》うとも、千載にしてひとりの聖を待つこと難《かた》し。それ賢聖を得ずば、何をもってか国を治めん。

第十四条
もろもろの官吏は、他人を嫉妬してはならない。自分が他人を妬《そね》めば、他人もまた自分を嫉む。そうして嫉妬の憂いは際限のないものである。だから、他人の智識が自分よりもすぐれているとそれを悦ばないし、また他人の才能が自分よりも優っていると、それを嫉み妬むものである。このゆえに、五百年をへだてて賢人が世に出ても、また千年たってから聖人が世に現れても、それを斥《しりぞ》けるならば、ついに賢人・聖人を得ることはむずかしいであろう。もしも賢人・聖人を得ることができないならば、どうして国を治めることができようか。

大変面白い条文だと思います。人間が他の類人猿と異なる存在となったのは頭脳が発達したお蔭だということは第3章で触れましたが、それが抜きん出た人間自体が、一つの才能なのです。そしてここでは、才能ある存在を大事にしろということを述べています。

前述したように、自然にも、大きな木もあれば小さな木もあり、運不運もあります。そうしたなかからいいものが育ち、良い品種がまた良い品種を産むことによって自然が栄え、育っていきます。人間社会も同じことで、優れた人、賢人・聖人が出て来やすい社会ほど栄えるのです。

これは文化というものを考える上で非常に重要なことです。そういう才能を大事にできる社会こそが、文化度を上げ、民度も上げるのです。

その妨げになる大きな要因として、「嫉妬」をあげているのがまた興味深いところです。「出る杭《くい》は打たれる」といいますが、当時からよくあることだったのがうかがえます。人々の嫉妬心が優れた存在をだめにしてしまうというのは、極めて日本的な現象なのかもしれません。

共同体での協調性が最優先される道徳観のなかでは、人と違うことが時に「悪」とみなされ、目立って優れた存在も攻撃の的となることがあります。しかし、結局そういう抜ん出た存在なくしては国は治まらない、とそのことへの注意を喚起しているのです。

人間は皆平等だという自然観がある一方で、自然はそれぞれに才能を不平等に与えているように見えることもあります。しかし、天にも地にもそれぞれ分があるのと同じように、才能のあるなし、賢人か凡人か、というのも役割の違いにすぎません。結局、そういう意味でどんな人も自然のなかでは公平に扱われているのです。

自分の利益を優先させるな

十五に曰く、私《わたくし》を背《そむ》きて公《おおやけ》に向《ゆ》くは、これ臣の道なり。およそ人、私あるときはかならず恨みあり。憾《うら》みあるときはかならず同《ととのお》らず。同らざるときは私をもって公を妨ぐ。憾み起こるときは制に違い、法を害《やぶ》る。ゆえに初めの章に云う、上下和諧せよ、と。それまたこの情《こころ》か。

第十五条

私《わたくし》の利益に背《そむ》いて公《おおやけ》のために向かって進むのは、臣下たる者の道である。およそ人に私の心があるならば、かならず他人のほうに怨恨の気持が起こる。怨恨の気持があると、かならず心を同じゅうして行動することができない。心を同じゅうして行動するのでなければ、私情のために公の政務を妨げることになる。怨恨の心が起これば、制度に違反し、法を害《そこな》うことになる。だからはじめの第一条にも「上下ともに和《やわら》いで協力せよ」といっておいたのであるが、それもこの趣意を述べたのである。

自分の利益を優先させるな、というのですから、ここでも共同体の秩序を保つために気をつけなければならないポイントが述べられます。第一条にもあった「上下ともに和らいで協調せよ」の精神とも呼応するので、再び持ち出してきています。

「協調」を諭すのに、「怨恨」という人間の心に湧き起こる感情の影響が語られます。第十四章の「嫉妬」もそうですが、人間が持つ感情を前提として条文が書かれるというのは、近代法にはないことです。近代法はただの契約ですから、人間の心のあり方にまでは踏み込みません。

しかし「十七条憲法」では、人間の性《さが》もふまえて人々が守るべき道徳律が示されます。

人間は誰しもそうした負の感情を持っているということを前提としているのです。これがまさに自然道なのです。人工的な法律では律しえないことまでカバーするのです。

人民の使役はその農業サイクルに合わせよ

十六に曰く、民を使うに時をもってするは、古の良き典《のり》なり。ゆえに、冬の月に間《いとま》あらば、もって民を使うべし。春より秋に至るまでは、農桑《のうそう》の節なり。民を使うべからず。それ農《なりわい》せずば、何をか食らわん。桑《くわと》らずば何をか服《き》ん。

第十六条
人民を使役するには時期を選べというのは、古来の良いしきたりである。ゆえに冬の月には閑暇があるから、人民を公務に使うべきである。しかし春から秋にいたる間は農繁期であるから、人民を公務に使ってはならない。農耕しなければ食することができないし、養蚕しなければ衣服を着ることができないではないか。

ここでは、政府が人民を使役する場合に、彼らの労働のサイクルに合わせて時期を選ぶようにと言われてきたのは、古来のよいしきたりだと評価しています。ということは、「十七条憲法」より前の時代から政府は人々を労働力として使っていたのでしょう。ただし、それも、春から秋の農繁期ではなく、冬の農閑期に限られていたことがうかがえます。

ここで明らかになるのは、労働のサイクルというのは、すなわち農作業のサイクルだったということです。日本人にとって、農耕が生活の秩序を作り上げる上で非常に重要な要素であったことがわかります。ほとんどの国民が農業に従事していたために、国の時間も、季節も、農業を中心に巡っていたわけで、それは公務より尊重されるものだったのです。

稲作が伝わった弥生時代から、農耕という共同作業のために人々が集まり、小さな村落共同体が形成され、各地の農村が大きな共同体となっていくのです。それが基盤となって国家として統一され、独特の文化も育まれてきました。

道徳も、そういう共同体ができて初めて生まれるものですが、「十七条憲法」の時代には、しっかりとした農業共同体の歴史というものがすでにあったということがここで示されています。ですから、もうこの頃には、今に続く日本の道徳が確立していたと思われます。

日本式民主主義の秘訣

十七に曰く、それ事はひとり断《さだ》むべからず。かならず衆とともに論《あげつら》うべし。少事はこれ軽《かろ》し。かならずしも衆とすべからず。ただ大事を論うに逮《およ》びては、もしは失《あやまち》あらんことを疑う。ゆえに衆と相弁《あいわきま》うるときは、辞《こと》すなわち理を得ん。

第十七条

重大なことがらはひとりで決定してはならない。かならず多くの人びととともに論議すべきである。小さなことがらは大したことはないからかならずしも多くの人びとに相談する要はない。ただ重大なことがらを論議するにあたっては、あるいはもしか過失がありはしないかという疑いがある。だから多くの人びととともに論じ是非を弁《わきま》えてゆくならば、そのことがらが道理にかなうようになるのである。

最後の十七条も非常に重要な項目です。

何が重要かといえば、ここで示されているのが民主主義的な概念であるということです。重要なことを決めるには、必ず多くの意見を聞かなくてはならないという箇所で、少なくとも合議制であることを示していますが、その合議をするのは「衆」とあります。やはり共同体の運命を一番大事に考えるとこうなるのでしょう。すなわち、共同体の和を維持するために、独裁者を生まないシステムにするということをここではっきりと言っているのです。

それが、以降の日本の社会のあり方、政治のあり方を決めます。日本には、もちろん指導者はいるのですが、常に合議で物事が決められる上に立つ統治者であって、独裁者ではありません。仮に独裁的な統治者が現れても、長続きはしませんでした。日本に、西洋や中国のような絶対的な支配者が存在しなかったということは、そうした存在が生まれないように定められた法律、この十七条の威力が大きかったと言えるのではないでしょうか。

政治や外交など、多くの人で論議して決めるというのが当たり前の慣習として日本の今日までずっと続いています。藤原氏や源頼朝、徳川家康など、それぞれの時代の指導者でさえも決して自分一人では決めてこなかったのです。ましてや近代以降、現代はなおさら総理大臣が一人で決めるわけではありません。そういう体系を作り上げる基盤となる法律が十七条だったのです。

「十七条憲法」に貫かれた一つの道徳観

このように十七条の一つひとつを検討してみると、「十七条憲法」の基本的精神は今も生きていて、七世紀に明文化されてからあとも、日本はこの「十七条憲法」の範囲でずっと来ているということがわかります。「十七条憲法」は必ずしも道徳律ではなく、日本の共同体の理想のあり方を示す法ですが、しかしやはりそこに貫かれるのは一つの道徳です。道徳といえば、善悪の判断基準を示すとか、正義を説くことと思われがちですが、それは西洋的な考え方であって、日本人はそもそも、善悪も正義も相対的なもので、状況によって変化する流動的なものを言葉で定義しても意味がないという考え方であることは前に述べました。

善悪や正義といった観念的なものを先に立てるよりも、まず和を貴ぶ。具体的に人間関係を大事にすることで、自ずから正義なり、秩序が共同体に生まれてくるという発想です。そして、その人間関係を大事にするために、「上も下も和らぎ睦まじく話し合う」に象徴されるような、自然道の平等観に基づく上下関係を重視する態度が尊重されるのです。「十七条憲法」のなかでは「理」という言葉がしきりに使われています。「理」とは道理のことであり、道理とは人間関係において命の長さを重視する道徳なのです。常に年齢を意識することで自ずと人々の関係が円滑に維持されるというのが、日本人がそれまで長い経験を積み重ねて身に付けてきた知恵だったのです。

『古事記』や『日本書紀』、『万葉集』などの表現からも、完成形にいたる日本の道徳観をうかがうことはできます。日本の人間関係の秩序というものがどのようにできあがっていったか、法律がそれを制定する前の時代の人々がどのように道徳を体現していたかということがわかってきます。なかでも、『日本書紀』に収録された「十七条憲法」は、文章による道徳の初めての記録であり、道徳観の歴史を語ってくれる貴重な資料と言えるのです。

ここで示される道徳観は、儒教、仏教の教義や用語を借りて整理し、まとめられたものではあるものの、あくまでも、縄文時代、弥生時代、古墳時代の日本人が自然に獲得してきた独特の思想であるところが重要なのです。

「篤く三宝を敬え」とあるように、ことに仏教の影響は大きいのですが、日本人の思想を仏教、つまり外来の思想体系に仮託して語る「十七条憲法」の手法は、文字を持たない時代に発達させていた日本語を、漢字の伝来をきっかけに、日本人が日本語を表現する書き文字として漢字を独自に導入し、自在に使いこなすようになったのと似ています。

この手法を含め、「十七条憲法」がその後の日本の歴史哲学書に与えた影響は大きいのです。日本人の道徳観が網羅された原型となったのです。

第5章

皇室という道理

『続日本紀』に見る老人への配慮

再三見てきたように、「自然道」の道徳観念による上下関係というのは、支配―被支配の関係ではありません。時の長さによって作られる関係です。

たとえば、「長者」というのは長くその土地に生きてきた人のことで、土地との関係の絶対的な長さが示される言葉です。「村長」など、「長」が付く存在も同様です。

年をとる、老人である、ということで、人間に経験という付加価値が付いていくことが貴重と考えられたために、命の時間の長さによって「敬い」「敬われる」関係が作られていくのです。

八世紀の勅撰史書『続日本紀《しょくにほんぎ》』にも、病を得た長老、老人に対する配慮が示される法律が書かれています。当時でも一〇〇歳を超える老人がいたらしく、八〇になると一人、九〇になると二人、一〇〇歳になると五人の介護人を付けることが認められているのです。それぞれ穀五斗、一石、二石も与えられました。今より手厚いのではないでしょうか。

しかも、律令に定められていることですから、貴族だけでなく、一般の人々が対象なのです。身分などにかかわらず、平等に、老人であるというだけでそれだけの厚遇をするのが当然と思われていたことをうかがわせるのです。

老人は、尊敬され、大事にされるべき存在と考えられ、老人の発言も当然、尊重されていたのだと思います。

年齢の差は、善悪や正義といった観念と違って、状況によって上下が逆になるようなことのない絶対的なものです。自然の時間が決めてくれるこの関係性を、日本人が古来、非常に重視してきたことがこのような社会制度や日々使われる敬語に表れているわけです。『源氏物語』を対象とする調査が行われ、そこでの敬語の使われ方がすでに現代と同じだという研究結果も出ています。一一世紀には、日本語の敬語というものが一つの完成形に達していたということです。

物語中、天皇のほうが偉いはずなのに、冷泉帝は光源氏に対して敬語を使うのですが、それは天皇のほうが年下だからでしょう。やはり位ではなく年齢が上下関係を決めるということが物語でも守られているのです。年長者に対する絶対的な感覚が日本人全体にあったことが文学からもわかります。

この感覚は、家庭ではまず両親が敬われ、祖父母、曽祖父母とどんどんさかのぼっていくうちに祖先の崇拝につながります。代々の家系の長いことが、尊敬を集める要素になるのです。これをさらに突き詰めると、天皇家を敬い、大切にする態度につながることになるのです。日本で一番家系が長く続いているのは天皇家ですから、いくら新しい天皇を持って来ようとも、天皇家の続いてきた長さを超えることは誰にもできません。

その自然の時間の絶対性というものが日本の道徳の基本になっているのです。天皇がたとえ弱者であっても、大きな財産や軍隊を持っていなくても、人々は天皇を立て、守って来たわけです。これが揺るぎない日本人の道徳なのです。

絶対君主でもない天皇を、二〇〇〇年以上も日本人が守ってきた背景には、自然の時間の長さを常に尊ぶという伝統があるのです。

本章では、「十七条憲法」で示されていたこの「理」＝「道理」というものが、その後の日本の道徳観や歴史書にどのように継承されていったのか、検証してみたいと思います。

ヘーゲルの「理性」よりも早かった『愚管抄』の「道理」

日本人が、年長者を敬うように天皇家を大切にしてきた想いはごく単純、素朴なもので、それは、太陽が毎日東から昇って西に沈む動きを当然と考えるのと同じようなことなのです。自然の動きは常に一貫しており、その秩序に従って人間も動くのが自然であり、自然に逆らわないことで何ごともうまくいく、と日本人は考えてきました。

ですから、「天皇」という言葉の「天」は、自然のシンボル化であり、決して「支配者」という意味ではないのです。

このような、日本人が長い歴史を通じて培ってきた秩序について、初めて「道理」という言葉を使って論じたのが、歴史哲学の書『愚管抄』（一二二〇年）を著した天台宗の大僧正・慈円でした。

それまで日本には、各時代の政権によって日本の歴史がクロニカルに書かれた『日本書紀』『続日本紀』『日本後紀』『続日本後紀』『日本文徳《もんとく》天皇実録』『日本三代実録』と続く六国史《りっこくし》が歴史書としてありました。しかし、日本の歴史の流れを一人の目で眺め、哲学的に考察したのは『愚管抄』が初めてだったのです。

この本が重要なのは、歴史には人間がそれを自覚し、従っていくなかにある種の「道理」があるのを発見したことなのです。歴史を貫く何かがある、ということを慈円は解明しようとしたのです。

西洋では一八世紀から一九世紀にかけて歴史哲学がヘーゲルによって確立されるのですが、ヘーゲルもやはり、歴史は理性の顕現の過程である、理性に基づく自由の実現の過程こそが歴史であると言ったのです。同様のことを「道理」という言葉で、一三世紀にすでに慈円は考察していたわけです。

慈円の言う「道理」とは、「そのようになる」筋道のことです。この時代、日本の支配者は貴族から武家へと大きく変わろうとしていました。歴史は絶えず動き、流動的で、変化するのですが、そのなかで変わらないものがあることに慈円は気づいたのです。

日本の歴史を俯瞰してみると、常に「天皇を中心とした歴史」があり、それはどのような乱世であろうと脈々と続いているのです。そして、その歴史を紡いできた歴代の天皇というのは、能力や政治力といった世俗的な基準ではなく、「道理」に従って選ばれてきたことにも思い至るのです。

つまり、天皇というのは、天皇家の血筋、その系統そのものであるという日本の歴史の真理を慈円は発見したのです。それが神代から定められた日本人の「道理」なのです。

この「道理」というのは、自然の時間が作り上げてきた絶対的な真理です。時の支配力、あるいは財産、武力といったものがなくても、日本で一番歴史の長い家系であるということ、「長者の上の長者である」というところに、絶対的なものがあるのです。

その後の歴史でも、なぜ源頼朝や豊臣秀吉が天皇に取って代われなかったかということがここからはっきりとわかります。天皇には、天皇になるべき人しかなれないのです。この家系だけが持っている絶対的な血筋、それがすなわち天皇ということを、誰もが疑いようもなく認めている、そのことが歴史の「道理」だからです。そして、その「道理」を保証するのは、時間の長さ、つまり自然なのです。

皇位を譲り合う皇子のエピソード

慈円は、『愚管抄』（第三巻）で応神天皇（五世紀前後）の皇子たちの皇位譲り合いのエピソードを取り上げています。

応神天皇崩御ののち、天皇在位中に皇太子となっていた菟道稚郎子《うじのわきのいらつこ》皇子が皇位継承者と目されていたにもかかわらず、年齢が上である兄の大雀命《おおさざきのみこと》に皇位を譲ろうとするのです。ところが兄のほうも、皇太子が即位すべきであると皇位の譲り合いとなり、三年も空位のままだったといいます。最終的には、菟道皇太子が自殺することで解決を図るのです。

たとえ前天皇が決められたことであっても、「道理」に合わなければ、それに従った結論が導かれることを示す例なのでしょうか。やはり年齢による上下関係の秩序を乱してはならないということでしょう。大雀命は即位されて仁徳天皇となり、まさに「仁」と「徳」の聖帝と讃えられ、八七年もの長い間皇位を保たれます。

慈円は「この出来事は全く我々の想像に絶することで、言葉として表すことができないほどのものである。人間というものは自己のことを忘れて他の人のことを考えるところに真実の道を見出すべきだと言われている。菟道太子のこうした心持を知らせるために歴史は菟道皇子を皇太子にお立てしたのであろうかと推測されるのである。応神天皇などはご自分のあとの事をきっと道理に基づいて深く考えておられたのであろう。それはまさしく日本国の正法の時代であった」とこの成り行きを評価しています。

皇位継承の「道理」に背けば天皇さえ暗殺される

『愚管抄』には、皇位継承の「道理」に反するような例も挙げられます。臣下によって天皇が殺害された唯一の事件として知られる崇峻《すしゅん》天皇暗殺（五九二年）についても取り上げられているのです。崇峻天皇は、大臣の蘇我馬子の支援によって即位したにもかかわらず、実権を握ったままの馬子と信頼関係を築けず、警戒した馬子の差し向けた刺客によって最終的に暗殺されてしまいます。

聖徳太子とともに積極的に仏法を取り入れようとしてきたのが蘇我氏なのです。天皇を暗殺する行為そのものが仏法にもとると思われるのですが、このとき、どういうわけか蘇我氏は責められることがありませんでした。とても不思議なところなのです。

仏教から離れても、日本の歴史を象徴する皇室の世継ぎを殺したわけですから、最大の罪になるはずなのですが、お咎《とが》めなし。罰せられないということは、そこに別の「道理」があったということなのでしょう。

結局、崇峻天皇一人が殺されても、天皇家自体は発展し、長く家系を保つことができるという判断が一方で働いたということなのではないでしょうか。天皇家がその後もずっと継続するという保証が「道理」として働いていたと考えられるのです。

天皇家の持続という「道理」が担保されるなら、悪い天皇は早く退位させる、あるいは殺されることもある、という別の論理がある。

また、『愚管抄』には、続く「大化の改新」について「日本がただ国王の権威と力だけで保てなくなったのであって国王の力だけで収めようとすれば乱れに乱れるばかりであろう。国王の力に臣下のはからいと仏法の力とを合わせていくのが道理ということであって、そういう神の思し召しが明らかに知られる初めての出来事なのである」とあります。

天皇を守るだけでなく、国民を守り、乱れないような国家を作ることも一つの「道理」として働くのだということを言っているようです。

皇室のあり方が人々の総意で決まっていく、ということがすでにこの時代にもあったということです。その総意とは、共同体と個人、両方がうまく調和して生きられる社会を目指すということではないでしょうか。

皇室と西洋の王室、法王との類似点

慈円が『愚管抄』を著すきっかけになったのは、「承久の変《じょうきゅう》」として知られる後鳥羽院《ごとば》の討幕挙兵の噂《うわさ》を伝え聞いたことでした。上皇が謀反を起こすという大義名分を欠いた暴挙に対して「それは良くない」ということを示そうと考えたのです。武家との対立を避けることで天皇家を守らなくてはならないからです。しかし結局、この流れを押しとどめることはできず、京方は大敗を喫することになりました。

とはいえ、鎌倉幕府方は、謀反人であるにもかかわらず、首謀者である後鳥羽院をはじめ、ほかの上皇、天皇、皇子たちを配流にとどめ、殺すことはしませんでした。やはり、対立はしても、そのために天皇家をお守りしなければならないという日本人の「道理」がなくなることはなかったからでしょう。

聖徳太子もそうですが、慈円のように仏教を深く学んだ博学によって、皇室を守る「道理」が優先して説かれるのも興味深い点です。日本古来の共同体の宗教としての神道が、どのような倫理よりも先に立つ前提として、いかに強く日本人の根本にあるかということがうかがえるのです。

こうした天皇を中心とする歴史観は、日本人だけに通用する独特のもののように見えますが、西洋にも、国王や法皇の後継のあり方を説いた歴史書があります。たとえばレオポルト・ランケ（一七九五〜一八八六年）という一九世紀ドイツの歴史家は、法皇の歴史、法皇と皇帝、その継続が、いかに歴史を作ってきたかということを語る一つの立派な歴史観を示しています。

日本の皇室を中心とする歴史観と非常によく似ているところがありますし、深い関連性もあると思います。政治には統治する人がいなければなりません。国には必ず君主が必要です。権力と権威がそろって初めてそこに国家というものが成立する。こうした権力権威の歴史を否定し、破壊しようと二〇世紀にロシア革命、中国革命が起きました。しかしその後は独裁体制となり、国は混乱し、圧制が始まり、前よりもはるかに恐ろしい国家になってしまったのです。社会主義は圧制社会になることが証明されたのです。

基本的に、国家の政治というものは一方は権力、一方は権威を示す存在の両輪によってその連続性が保証されるのです。西洋では、現在では法王がおられるか国王がいて各国首相がいることは同じ体制を持っていることなのです。これも一つの大きな自然の論理でしょう。東洋、西洋にかかわらず、こうした「道理」というものを基本にして国家は運営されているのです。

明恵上人が説く人間の「あるべき様」とは何か

慈円よりも二〇歳ほど若い明恵上人《みようえしようにん》に、『栂尾《とがのお》明恵上人遺訓』（一二三八年）という書があります。冒頭の法話に「人は阿留辺幾夜宇和《あるべきようわ》の七文字を持《たも》つべきなり」とあるため、「阿留辺幾夜宇和」が『遺訓』の別題になっています。

「あるべき様」では、それぞれの分限、地位を役割分担として守れということを言いたいのでしょう。そうすることで人間社会は保たれるというのです。「僧は僧のあるべき様、俗は俗のあるべき様なり、乃至帝王は帝王のあるべき様、臣下は臣下のあるべき様なり。此《この》あるべき様を背く故に、一切悪《わる》きなり」と言っています。「十七条憲法」第三条にも通じるような「道理」です。

それにしても、「あるべき様」とはどういうことでしょうか。その役割分担の秩序はどこにあるのかということなのです。

まずは家系や時間、命の長さにあるのでしょうし、個人の才能や選択にもあるでしょう。そして、社会にも「あるべき様」、つまり一つの「道理」があると明恵上人は言っています。それを「盛者必衰《じようしやひつすい》、会者定離《えしやじようり》」「諸行無常、有為皆苦《ういかいく》」と仏教の言葉で説明するのです。

武士の世界では一見、「優勝劣敗」という論理が成り立っているように見えます。しかし、やはりそこにも「あるべき様」があって、それに従って物事は実現していると上人は語っているのではないでしょうか。現実的な暴力がものを動かすのではなく、必ずそこに、治まるべきように治まるという「あるべき様」があるとするのです。

結局、人間に関する事柄は、基本的には年齢による上下の関係に落ち着いていくのです。能力の有無についての判断など、人間が必ずしも的確にできるわけではなく、判断したとしても結果は常に流動的です。

同じような能力の二人を区別する「道理」があるとすれば、それは年齢なのです。能力があれば弟が先に立つということがもちろんあるのですが、しかし同レベルの能力であれば、年上が優位になる。そこが物事の基準であり、「道理」なのです。

「分を守る」ということを、僧侶である明恵上人が述べているのが面白いところです。僧侶であっても、日本の自然道、つまり神道が考え方の根本にあるのです。「明恵上人樹上坐禅像」という、森のなかの二股《ふたまた》の松の幹の上で小さく座禅を組んでいる有名な上人像があるのですが、自然と一体化して座禅をしている上人の姿に、日本の仏教の本質が示されているように見えます。日本では、仏教も神道的な解釈がされ、神仏が習合されてきたために、仏教自体が独特のものになっているのです。

日本の「自然道」に従う「道理」を突き詰めていくと、天皇を中心とする道徳観に自然に行きつきます。

鎌倉方の総司令官として入京していたのちの第三代執権・北条泰時とも親交を結んだ上人は、泰時に対して「承久の変」における鎌倉方の心得について意見しています。「忝くも我が朝は、神代より今に至るまで九十代に及びて、代々受け継ぎて、皇祚他を雑へず」(『栂尾明恵上人伝記』)として、まず皇位継承の歴史の長さ、正統性を強調します。実際にはこの時第八十五代の仲恭《ちゅうきょう》天皇が三カ月足らずの短い在位で退任ののち、第八十六代の後堀河《ごほりかわ》天皇が在任中でしたが、ざっと数えれば九十代でした。そして、「日本の国土は即ち高祖神の直系である朝廷のものである。その朝廷に背いて兵を挙げることは誠にけしからん、もし鎌倉幕府が朝廷の命に背くという態度を改めないのならば、この朝の外に出でて天竺《てんじく》震旦《しんたん》にも渡るべし」というのです。

天皇に背きたいのなら、日本から出て、中国やインドに行ってしまいなさい、というのです。それは、天皇が支配者だから従えというのではなく、歴史という、天皇を天皇として仰ぐ動かせない論理が日本にはあるから、日本人であるならそれに従いなさい、と言っているのです。

上人には、その論理は絶対に破れないという確信があったように見えます。実際に、それはいまだに、現代でも破られていません。戦後、アメリカは、天皇を戦争責任でいくらでも断罪することができたはずでしたが、断罪できなかったのです。アメリカも、日本人の「道理」を理解していたのかもしれません。天皇とは、それだけ「自然道」の時間という「道理」に支えられた普遍的な存在ということなのです。

以後も道徳論はたくさん著されるのですが、天皇の存在を巡る考察は続けられます。南北朝時代の『神皇正統記《じんのうしょうとうき》』（一三三九年執筆、一三四三年修訂）も、まさに天皇家（南朝）の正統性を軸として書かれた歴史書です。

著者の北畠親房《きたばたけちかふさ》は、公卿の立場から天皇の存在を絶対化するのですが、承久の乱の首謀者である後鳥羽上皇については非難し、官軍を討伐した北条義時、泰時親子のことを評価しています。これはこれで親房なりの論理があるのであって、「道理」に基づく主張なのです。

自然が人間に与えた時間の長さを、天皇家が体現してきたという事実に着目し、あえてその「長さ」を強調した親房の主張は、日本の歴史の中心を天皇家に求める思想のさきがけとなりました。後年「水戸学」など皇国史観に影響を与えます。

『関東御成敗式目』と『正法眼蔵』にも受け継がれていた

『関東御成敗式目』（一二三二年）というのは、鎌倉時代に成立した武家法です。武士の成立以来の実践道徳を「道理」として、土地などの財産に関する取り決めや御家人の慣習、守護・地頭などの権限を、第三代執権・北条泰時が中心となって明文化したものです。

式目制定の基礎となる「道理」の思想形成には、泰時が尊敬していた明恵上人の影響が大きいと言われています。訴訟当事者の誰にも公正に機能する法令として、鎌倉幕府滅亡後も長く、明治以降に近代法が成立するまでその有効性は続いたとされています。

所領争いの解決に際しては、「前から持っていた人たちの権利を大事にする」という土地所有の時間の論理を基準に裁定されていました。それが誰もが納得する「道理」にかなった方法だったのです。

裁判では、荘園の代官と御家人の地頭とが土地を巡って争うと、やはりあとからその土地に派遣されてきた地頭のほうが敗れる例が多かったようです。日本の道徳というのは、時間の長さが常に重要になってくるのです。

こういうことは今でもあります。たとえば国会議員なども、その在籍期間の長さで大臣になったりならなかったりすることがあります。人々から選ばれた体験の長さが、その議員の重みになるのです。一方では、やはり厳然としてその人の年齢というものもあります。常に、自然の時間の流れというものが日本人の行動の指標となっているのです。道理というのものが、自然の時間の長さと関係していることがわかります。

永平寺を開いた人としても知られる曹洞宗の開祖・道元《どうげん》禅師の弟子・孤雲懐奘《こうんえじょう》が『正法眼蔵随聞記《しょうぼうげんぞうずいもんき》』（一二三五〜一二三七年？）という語録書を記しています。その書のなかで、道元禅師も「道理」という言葉を使っているのです。

「一切のことにのぞんで、道理を案ずべきなり。念念留まらず、日日に遷流《せんる》して、無常迅速なること、眼前《げんぜん》の道理なり」と。人の世の移り変わりは速く、人生は短いとする「無常迅速」がこの世を支配する「道理」なのだと言っています。それが自然なのです。

永平寺は、辺鄙《へんぴ》な山のなかの森に囲まれてあるのですが、日本の伝統として、仏教も神道同様、自然とは切り離せないことを象徴しているようです。歴史的にも、仏教はしばしば山岳信仰と結び付いてきました。殊に、人間の真理を自然の道理として感得する禅宗は、人間が自然に従い、自然と一体化して初めて成り立つものだろうと思います。ですから、日本の禅宗は中国やインドのものと違うのです。

人間の存在自体が自然であるということは、自然の時の流れと切り離すことができない存在だということです。人間の関わるあらゆるところに歳月というものが絡んでくるのが「道理」なのです。

長老が物語る『大鏡』の真髄

『大鏡』は、白河院政期（十一世紀頃）に成立した歴史物語です。面白いのは、ここで歴史を物語るのが老人だということです。大宅世継《おおやけのよつぎ》（一九〇歳）と夏山茂樹《なつやまのしげき》（一八〇歳）という長老二人が若侍を交えて、第五十五代文徳天皇から第六十八代後一条天皇に至る朝廷の歴史を語り合うという対話形式になっています。

作者は不詳です。古来、諸説があって、藤原為業《ためなり》や藤原能信《よしのぶ》など藤原家の人だと言われており、よく政治を知った人物ということは想像が付きます。

長くなりますが、冒頭書き出し部分の読み下し文を紹介したいと思います。

先だって私が雲林院の菩提講《ぼだいこう》に参詣《さんけい》しましたところ、普通の人よりひどく年取って異様な感じのする老人が二人とそれに老女とが説教の席で偶然出会って、同じ場所に座っていました。実にまあ揃《そろ》いも揃って同じように超高齢の老人たちだなあと驚きの目で見ていますと、この老人たちは笑いながら顔を見合わせて、さてその一人の世継の翁が言うには「久しい以前から昔馴染みのある人にお逢いしてどうにかして今まで自分が見た世の中で見聞いたりして来たいろいろな出来事を話しあいたい。ちょうど全盛の入道殿下（藤原道長公）のご様子も語りたいものだと思っていましたのに、まったくまあ、今日は望み通りあなた方にお逢いいたして、本当に嬉しいですな。もうこれで年来の望みも達せられたので、今思い残すことなく、冥土《めいど》へも参れます。胸の内に思っていることを言わないでいるのは全く諺《ことわざ》でも言うようにはらが減っているような重苦しい気持ちになるものですね。それですから、昔の人は何か言いたくなってくると、主に土に穴を掘ってはそこに思うことを言って埋め、それで気を晴らしたということですが、なるほどと思われます。それにしてもここでお会いできたことは本当に嬉しい事ですなあ。ところであなたはお幾つにおなりでしたか」と言うともう一人の翁が「さあ、幾つということは一向に覚えておりません。私は亡くなった忠平太政大臣貞信《ていしん》公がまだ蔵人少将《くろうどしょうしょう》と申しておられた時分の子舎人童《こどねりわらわ》を務めておりました大犬丸《おおいぬまる》という者ですよ。あなたは確かその御代、宇多天皇の皇太后様の召使いで有名な大宅世継と申した方でいらっしゃいましたなあ。そうしますとあなたのお年は私よりずっと年上でいらっしゃいましょうよ。私はほんの子供であったとき、あなたはもう二十五、六歳ほどの男盛りでおいででした」そうすると世継の翁は「そうそう、そういうことでしたね。あなたの名前は何とおっしゃいましたか」と尋ねます。すると相手の老人が『私は中将太政大臣のお屋敷で元服いたしましたときに貞信公がお前の姓はなんと申すか、とおっしゃいましたので、夏山と申します、とお答えしましたところ、即座に夏山にちなんで私の名を重木《しげき》とお付けになったのでした』などと言うので、私はあまりに遠い昔話にすっかり驚きあきれてしまいました。

若い侍が登場して、二人の老翁に年齢と身の上を聞くところからこの歴史物語が始まるのですが、「長」が付くような老人の知恵や知識、経験を、当時の人々がどのようにとらえていたか、ということがこの設定に表れているように思います。それほど身分も高くない二人が年を取って敬われる存在となり、堂々と社会のことを話す。自由な社会のあり方、老人評価のあり方が示されていると思います。いわゆる階級社会ではない別の秩序から日本の歴史が語られているのです。

二人の老人は、文徳天皇の時代から順を追って語っていきますが、物語には主人公が必要です。歴史物語である『大鏡』では、歴代の天皇が主人公となっているのです。そして、主人公たちの物語の連続が、すなわち日本という国家の歴史なのです。

天皇家の歴史が国の歴史

『愚管抄』にしても、『大鏡』、『神皇正統記』にしても、年代を追って天皇の歴史が記述される日本の歴史書を並べてみてわかるのは、歴代の天皇の歴史が、すなわち国の歴史となっているということです。権威者である皇室の記録そのものが、国家全体の歴史を語ることでもあるというのは、『日本書紀』からの日本の伝統であり、大きな特徴です。

何しろ、天皇家が現代まで一二五代も続いているというその事実がなければ成立しえないことなのです。神代から連綿と当たり前のように皇室の歴史が続くという現実があってこそ、一貫した天皇中心の歴史観が生まれるのですし、そこから独特の国家観、さらには道徳観が作られてきたのです。

戦乱の世を経て平和な江戸時代となり、安定した社会が新たな秩序観を必要としてきたとき、導入されたのが儒教の倫理観でした。すると「仁義」だの、「忠孝」だの、基本的な道徳観が漢語で表現されるようになり、日本には独自の道徳的な観念がないようにみなされることもありました。

しかし、すでに実態として忠や孝のような礼儀が日本にあったからこそ、その漢語表現が日本語として活き、活用されるようになったのです。「十七条憲法」の時代もそうでしたが、すでにある日本独自の道徳を系統立てて説明するために、道具として儒教を利用したにすぎないのだと思います。

日本の上下関係は相対的なもので、変動します。たとえば、親子の関係は絶対であるにしても、親が死ねば新たに子が親になるのです。同じ人間が、親にも子にもなる。それが「自然道」なのです。

自然だからこそ時が経っても変わらない。日本の道徳観は、貴族の世だろうと武士の世だろうと、常に一貫しています。戦国時代といえども、豪族同士が戦っていただけで、皇室が破壊されたり、国家が転覆するようなことはありませんでした。つまり、日本では易《えき》姓《せい》革命が起こる余地はなかったのです。

その間、天皇家はずっと続いていましたし、天皇が尊重される存在であることは、徳川幕府が成立してからも変わりませんでした。だからこそ、皇室の歴史＝国家の歴史となるのです。

このことが、『神皇正統記』を先駆とする、国家の中心を皇室に求める皇国史観を生み、やがて江戸時代後期の水戸学へとつながっていきます。

水戸学からは、藤田《ふじた》幽谷《ゆうこく》が出て、朝廷と幕府、天皇と将軍の関係を明確にすることが大切とする「正名論」（一七九一年）で、幕府は朝廷の権限を奪ってはならないと主張しました。

天皇の伝統的権威を背景に、幕府を中心とする国家体制を強化することで日本の独立性を守ろうと説いたのです。これが尊王にいたる理論的根拠となって、開国後の西洋の日本侵略、あるいは植民地化に対する抵抗運動として国体論、尊王攘夷《じょうい》運動へと発展していきます。さらに明治になって最初の道徳の書である「教育勅語」にまで引き継がれるのです。

君臣上下の名分を正すことの重要性を強調する「正名論」の考え方は、聖徳太子の「十七条憲法」に通じるものがあります。官僚機構としての位階制は、封建制の象徴のようによく受け取られるのですが、そうではなく、役割分担としての地位を示すものなのです。支配―被支配の関係ではなく、それぞれがそれぞれの分を守ることで組織が機能するという考え方です。聖徳太子の教えは日本人の道徳観の根本として脈々と受け継がれ、江戸時代にも通用していたのです。

第6章

武士道と戦後

「武士道」が「年功序列」と「終身雇用」を生んだ

自然道に基づく日本的な道徳はもちろん、理論として歴史書のような文書にまとめられるだけではなく、その時代その時代の日本人の生活の隅々に浸透し、実践されてきました。戦国時代には、それが武士の規律として「武士道」に形作られましたが、江戸時代になると、徳川幕府が平和な時代の社会秩序に「武士道」を置き換えて、「パクス・トクガワーナ」とのちに言われる長い時代の統治の土台にしたのです。

この江戸時代の「武士道」が、「年功序列」「終身雇用」といった日本型の組織の秩序を作り出したことが非常に重要なのです。

戦争を目的とする職業であった武士が戦乱の世で活躍するために拠り所にしていた「武士道」は、平和で安定した社会が実現すると、時代の変化に合わせて平和仕様に改められ、それがのちの近代的な組織作りにも役立つことになったのです。

平和仕様の「武士道」は、藩主や将軍への忠誠はそのままに、個々が攻撃や策略に注いでいた能力や制度を、各部署で必要に応じて応用し、協力し合うモチベーションを支えました。その社会への貢献の仕方が、近代になって「藩」が「企業」に代わっても、産業、科学、その他、様々な分野において組織的な発展を遂げる原動力となるのです。

『武士道と現代』の著者である笠谷和比古氏は、現代の社会のあり方の根底に武士道があるとして、その起源を徳川時代に見ています。それ以前にはなかった「年功序列」制度が徳川時代に初めて確立した、と言います。

しかし、実力主義のような戦国時代にはそれが目立たなかっただけであって、「長幼の序」「老人に対する尊敬」といった道徳観はそれ以前から一貫してあったわけです。各藩、それぞれの軍の編成に当たっては、「長幼の序」が基準になっていたに違いなく、それが平和な江戸時代になって、表立った制度として確立していったということだろうと思います。「年功序列」は「能力主義」と相反する制度ということで、それが封建主義的な停滞を生むと非難されることが多いのですが、笠谷氏はそれを否定します。「しかしこれも実は奇妙なことと言わねばならない。年功序列制は決して能力主義とは対立する概念ではないからである。それどころか右の（江戸時代の：著者註）形成過程の事情からも分かる通り、それはむしろ能力主義の人事そのものであった」と断定しています。

さらに、中根千枝氏も、よく知られた『タテ社会の人間関係』で、縦社会としての日本型組織における昇進志向性、可動性《モビリティ》の高さについて語っているとして次のように述べています。「タテ社会はピラミッド型の身分序列を重んじるので、不平等な外観を持っているけれども、タテの序列の各段階は同時に、身分上昇の梯子《はしご》の役割を果たしている」と興味深い指摘を紹介しているのです。

組織の末端にいる平の身分でも、上昇の梯子を伝って順次昇進し、組織内の経験の積み重ねと業績によって上位の地位に就くことも可能な構造を有しているというのです。「年功序列」は「能力主義」とは相反しないというわけです。次のような例も挙げています。

欧米型の組織では、ある特定の人員が必要になったときには、その部署にふさわしい資格を持った人間を外部から採用するということがよくあります。むしろそれが一般的と言ってもいいかもしれません。

しかし日本社会では、組織内の人間の内部昇進によってそれを充当するというやり方です。それぞれの組織で出世競争を通して有能な人材を育て、業績主義の基準のもとに責任ある部署に登用していく。このシステムでは、組織内共通の経験を踏まえながら、その経験の上に立って新しい地位での仕事をしていけるので、効率的という利点があるのです。

こうした日本型組織が、一七世紀の終わり頃、元禄《げんろく》時代の半ばを過ぎる頃から具体化していくのです。

日本型システムは世界にも通じる

笠谷氏の興味深い指摘は続きます。

多くの武士は、特定の藩や幕府の家臣として一生をそこで過ごすことになります。本人のみならず、子、孫に至るまで累代にわたって特定の藩のなかで君臣関係を築きあげるようになるのです。したがって個々の武士にとって、忠誠の対象は当面の主君であり、同時に、持続する藩という客観的な組織の両方であるのです。

すると、主君という個人と、持続する藩という組織に対する忠誠とが相反する場合も起きてくるのです。そういう場合には、極端に言えば、家臣が主君を閉じ込めるということも出て来ます。それは、藩の存続、組織に対する忠誠のほうが優先されるためです。いざとなれば、間違った主君に対しては諫言《かんげん》も辞さないという家臣の態度に、個人の限られた人生より長い藩の生命を、より重視する価値観があることが見てとれます。

つまり、「年功序列」はただの不平等な身分制度ではないということです。

そもそも、江戸時代の行政改革、組織改革のなかで、能力主義的な人材登用の方法として「年功序列」が活用されるようになったのです。

「年功序列」というとアンチ能力主義ということで批判され、西洋人からもそれが封建的であるとして批判されるのですが、戦後七〇年経っても日本の組織に原則としてまだ根強く残っているということ、それがかえって戦後復興を促進したという事実が見直され、今また、逆に評価されているのです。

たとえば行政手続きなども「下級者のもとで原案が起草されて、順次に上級者に伺いを立て、修正を含みつつも、最上級者まで持ち上げられ、その裁可を待って決定がなされるという形をとる。この稟議《りんぎ》制度という日本官僚制に特有の方式もまた、徳川時代の藩組織から継承していた」と笠谷氏は述べていますが、「年功序列」だけでなく、「稟議制度」、そしていったん任官したら定年まで勤務できる「終身雇用」も、藩から継承されて明治維新後の官僚組織のなかで定着していった制度というのです。それがやがて一般私企業にも広まって、日本的なシステムとして広く定着したわけです。

各企業が「年功序列」「稟議制度」「終身雇用」といった制度によって組織の力を強めたからこそ、戦後のあの目覚ましい復興が実現できたというのは間違いないと思います。日本的なシステムは決して古いものでも、否定すべきものでもありません。また長く否定できなかったのは、それが日本古来の道徳観に基づくものだったからです。

企業の経営状態が悪くなればたちどころにリストラが行われるのが現代では当然だと思

われていますが、企業に対する忠誠心というものは破壊されます。逆に、リストラを避ける日本的な経営理念を守る企業では、壊れない忠誠心が武器となるのです。従業員の終身雇用が保障されていれば、そこには親心、忠誠心といった家族的な感情が自ずと芽生えますし、双方の信頼感が醸成され、結束が強まります。ここが日本型組織の強みだったのです。日本の組織にとっては、一番合理的な組織作りの基本と考えられていたのです。

ですから、特に戦後、アメリカ的な経営方法が入って来ても、ある時期までは取り入れられることはなく、一貫して日本的なシステムが堅持されたのです。日本古来の道徳観が強いために、西洋化を阻んでいたとも言えます。

日本人の戦後の近代化、アメリカ化、個人主義化、能力主義化というものは不完全に終わっていると見ることができます。逆に、日本人の能力というものはそうしたタテ社会のなかで活かされてきたので、そのなかでこそ世界に冠たる日本の道徳も守ることができるのです。

日本的なシステムというのは、決して日本だけで行われる特殊なものではない、ということを指摘する人もいます。アメリカのＩＢＭとかドイツのダイムラーなどでも、やはり終身雇用、あるいは年功序列に似た秩序作りが行われていると笠谷氏は例を挙げています。優秀な会社、利益を生む企業ほどそうした体制をとっていると考えられます。

優れた会社というのは、結局、優秀な労働力を活かした経営が行われるところです。そこには、日本ほど明確ではないにしても、やはり年功的な昇給、終身雇用、企業家族意識などが内在しているはずなのです。そのような会社作りが日本で一番進んでいるとすれば、それは徳川社会のなかで長期にわたって育くまれてきた組織力を土台として、明治以後もそれを日本人が活用してきたからなのです。

この「終身雇用」をはじめとする日本型経営システムが、いかに日本の力を強めたか。これが明治以降の日本社会の強さになっていくのです。

「十七条憲法」をコンパクトにした「五箇条の御誓文」

このように、日本人が古代から持ち続ける道徳観の一貫性というのは、明治維新という大変動期を経ても結局、変わりませんでした。そのことを考える上で、明治新政府の基本方針として明治天皇が神に誓約する形式で貴族、大名諸侯に示した「五箇条の御誓文《ごせいもん》」（一八六八年）を見てみたいと思います。文章自体は由利公正《ゆりきみまさ》が起草し、福岡孝弟《たかちか》が修正したものに、さらに木戸孝允《たかよし》が編集をして成立したといいます。これはかなりあと、明治二三（一八九〇）年に公布される明治憲法の重要な指針になるのです。

一、広ク会議ヲ興シ万機公論ニ決スヘシ
広く会議を開いて、すべての政治が人々の意見によって決定されるようにしましょう

一、上下《しょうか》心ヲ一《いつ》ニシテ盛ニ経綸《けいりん》ヲ行フヘシ
治める者も人民も心を一つにして盛んに国を治めましょう

一、官武一途庶民ニ至ル迄各其志ヲ遂ケ人心ヲシテ倦《う》マサラシメン事ヲ要ス
公家も武家も庶民にいたるまで、誰もが志をとげ、意思を達成できるようにしましょう

一、旧来ノ陋習《ろうしゅう》ヲ破リ天地ノ公道ニ基クヘシ
古い悪習を破り国際社会に合った行動をとりましょう

一、智識ヲ世界ニ求メ大ニ皇基ヲ振起スヘシ
知識を世界に求め、天皇が国を治める基礎を築きましょう

全体的に、「十七条憲法」を短くしたような内容ではないでしょうか。どのように社会が変わっても、日本人の道徳観、生き方、求めるところは変わらないということがわかる

のです。

このなかに、木戸孝允の案とされている「天地の公道」という言葉があります。あまり深い意味のない言葉に見えますが、しかしこの言葉に日本の道徳の要諦《ようてい》が隠されていると私は見ています。現代語にすれば、「普遍性のある道理」とでも訳すことができると思うのですが、「天地の」とはまさに自然界のことであって、ここでもやはり「自然道」に基づけといっているのではないでしょうか。

自然というのは宇宙のことでもあるし、あらゆる世界のことを指すのだと思います。「公道」とは、そこに生きている者の道ということでしょう。

『古事記』以来、日本人が自然を深く信仰し、尊重してきた気持ちは決して狂わないというある種の確信を「天地の公道」という言葉で表現しているのだと思います。

本居宣長《もとおりのりなが》もいうように、日本人というのは道徳にしても思想にしても言挙《ことあ》げをしないという特質があります。言挙げをしないことで内面に沈潜させ、昇華するというプロセスを経るのです。

「天地の公道」という短い表現に、自然への信頼と深い交わりの長い歴史のなかで、決して語られてこなかったどっしりとした根っこのようなものがあるということを感じます。

これは、揺るがず、ぶれないわけです。

ですから、明治以降、盛んに西洋の様々な思想が新たに入って来ても、根本のところで日本人の思想は変わらない。日本の宗教は変わらないのです。

戦後国粋主義と誤解された「教育勅語」

日本人の変わらない思想は、政府の教育方針を示す文書として明治二三（一八九〇）年に発布された「教育勅語」にも凝縮されているように思います。

正式には「教育に関する勅語」という「教育勅語」は、明治天皇が山県有朋《やまがたありとも》総理大臣と芳川顕正《よしかわあきまさ》文部大臣に与えた勅語で、国民に語りかける形式をとっています。井上毅《こわし》、元田永孚《もとだながざね》が起案者となりました。フランスに留学した経験のある井上は、思想や宗教の自由を侵さないことを起案に当たって重視したといいます。

朕惟フニ我カ皇祖皇宗國ヲ肇ムルコト宏遠ニ徳ヲ樹ツルコト深厚ナリ我カ臣民克ク忠ニ克ク孝ニ億兆心ヲ一ニシテ世々厥ノ美ヲ濟セルハ此レ我カ國體ノ精華ニシテ教育ノ淵源亦實ニ此ニ存ス爾臣民父母ニ孝ニ兄弟ニ友ニ夫婦相和シ朋友相信シ恭儉己レヲ持シ博愛衆ニ及ホシ學ヲ修メ業ヲ習ヒ以テ智能ヲ啓發シ德器ヲ成就シ進テ公益ヲ廣メ

世務ヲ開キ常ニ國憲ヲ重シ國法ニ遵ヒ一旦緩急アレハ義勇公ニ奉シ以テ天壤無窮ノ皇運ヲ扶翼スヘシ是ノ如キハ獨リ朕カ忠良ノ臣民タルノミナラス又以テ爾祖先ノ遺風ヲ顯彰スルニ足ラン

斯ノ道ハ實ニ我カ皇祖皇宗ノ遺訓ニシテ子孫臣民ノ俱ニ遵守スヘキ所之ヲ古今ニ通シテ謬ラス之ヲ中外ニ施シテ悖ラス朕爾臣民ト俱ニ拳々服膺シテ咸其德ヲ一ニセンコトヲ庶幾フ

明治二十三年十月三十日

御名御璽

私が思うには、我が皇室の先祖が国を始められたのは、はるかに遠い昔のことで、代々築かれてきた徳は深く厚いものでした。我が国民は忠義と孝行を尽くし、全国民が心を一つにして、世々にわたって立派な行いをしてきたことは、我が国の優れたところであり、教育の根源もまたそこにあります。

あなたたち国民は、父母に孝行し、兄弟仲良くし、夫婦は仲睦まじく、友達とは互いに信じあい、行動は慎み深く、他人に博愛の手を差し伸べ、学問を修め、仕事を習い、それによって知能をさらに開き起こし、徳と才能を磨き上げ、進んで公共の利益や世間の務めに尽力し、いつも憲法を重んじ、法律に従いなさい。そしてもし危急の事態が生じたら、正義心から勇気を持って公のために奉仕し、それによって永遠に続く皇室の運命を助けるようにしなさい。これらのことは、単にあなた方が忠義心あつく善良な国民であるということだけではなく、あなた方の祖先が残した良い風習を褒め称えることでもあります。

このような道は、実に我が皇室の祖先が残された教訓であり、その子孫と国民が共に守っていかねばならぬことで、昔も今も変わらず、国の内外をも問わず、間違いのない道理です。私はあなた方国民とともにこの教えを胸中に銘記して守り、皆一致して立派な行いをしてゆくことを切に願っています。

明治二十三年十月三十日

天皇の署名と印

まず、皇室の祖先が日本という国家と国民の道徳を確立したことを確認するところから始まり、忠義と孝行を尽くす国民が団結して道徳を実行してきたことが「国体の精華」であり、教育の起源と規定します。それから、父母への孝行、夫婦の調和、学問を重視すること、事あるときには国を守るべきことなど、国民が守るべき一二の徳目が列挙され、これを守るのが忠臣である国民の先祖からの伝統であり、歴代天皇の遺した教えと位置づけ、国民とともに天皇自ら銘記し、守りたいと誓って締めくくるのです。

「十七条憲法」から『愚管抄』『神皇正統記』、江戸時代の武士道へと一貫して流れてきた日本の道徳観が見事に集約されています。

家族のなかで秩序を保ち、それをさらに押し広げて多くの人々に家族への愛と同じような感情を抱くことが「博愛」という言葉で表現され、天皇を父とする、家族のような国家に生きる国民の理想の生き方として示されるのです。

国家を家族と、天皇皇后を国民の父母ととらえるような、統治者と国民との関係のあり方が最も理想的だというのは世界共通の考え方だろうと思います。ただ、そういう理想を実践できる国家というのは日本しかないように感じます。

発布されてから半世紀もの間、「教育勅語」は各学年の修身の教科書に掲載され、四大節と呼ばれる祝祭日の式典で厳粛に読み上げられてきました。これが明治以降、終戦までの日本の道徳の規範になっていたことは確かなのです。

戦後は、日教組はじめ教育関係者がこれを忌避し、全否定してしまったために、「教育勅語」が天皇を奉ずる国粋主義を醸成する根源のように扱われるようになったわけですが、戦後も七〇年が経ってみると、「五箇条の御誓文」や「教育勅語」に込められた精神が、失われたように見えてその実、今も日本人の行動の基準となっていることに気づかされるのです。

言葉遣いは古めかしいけれども、内容は古びていないと感じられるのは、第一次、第二次大戦中も断絶することなく、近代化の荒波にも負けず、皇室が壊されずに変わらず存在し続けているという厳然たる事実が、ここにある正しさを裏付けるからではないでしょうか。

「教育勅語」が生まれた背景には、その前に積み重ねられた日本人の長い経験、長い慣習があります。ずっと続く伝統があるということです。

それはやはり祖先を大事にするということでしょう。自分を守るということは、祖先から受け継いだものを守るということでもあるのです。ですから、皇室が長い歴史の連続性を誇るとき、日本人は、皇室を理解しながら守り続け、存続させてきた国民の長い歴史も誇るのです。

神代から続くのは皇室だけでなく、国民も続いています。その歴史とともに守られ、受け継がれてきた道徳観が、今に続いているのです。それは、たとえ今のような都市化現象、個人主義化現象、核家族化現象があったとしても、破壊されない強さを持つ規律なのです。

古めかしい「教育勅語」が意外にも現代に生きているということは、そこにまとめられた道徳観が、もともと日本人の身に付いたものだからだと思います。

もう一つ、「教育勅語」や「五箇条の御誓文」の特徴として挙げておきたいのは、その短さです。道徳を述べるならもっと長く語るのが世界的には一般なのではないでしょうか。孔子《こうし》の本にしても、道徳律を語る仏教の経典にしても、聖書や哲学書など西洋の書物も、非常に長く、論理的に書かれています。

しかし日本では五箇条ですんでしまう。「教育勅語」も非常に短い。いずれも暗記できてしまう短さです。日本人は、感情も思想も、和歌や俳句と同じように短い言葉で語ってきました。そこにあふれる様々な感情や思想が、表現の上では省かれるのです。省かれるからこそ含蓄が生まれるのです。

この表現形式も日本の伝統なのです。西洋に倣うことを国是としていた明治になっても、表現形式まで日本流であるところに、伝統の力の強さが表れているように思います。

第7章

西洋の宗教と道徳

日本に近かった古代ギリシャの道徳

本章では西洋の道徳について考えてみたいと思います。日本と近い中国よりも、完全に違う西洋と比較するほうが、日本のあり方がよりくっきりと浮き彫りになり、理解しやすくなると思うのです。

日本では特に明治以降の知識人に、西洋を学ぶことは理想を学ぶことだという思い込みがあって、西洋からの新しい知識を無批判に受け入れる傾向がありました。

一度、意識的に視点をニュートラルに戻し、西洋をあらためて客観的に眺めてみたいと思います。逆に、日本に学ぶべき理想があることが発見できるのではないでしょうか。

西洋の道徳というのは、一言で表現すると「一神教の道徳」です。日本人のように自然から道徳を得るのではなく、言葉で人工的に設定した唯一全能の「神」という存在を中心に人々を律する道徳です。この「神」の存在なくしては道徳が成立しません。

しかし、歴史を振り返ると西洋も最初から一神教であったわけではないのです。古代ギリシャが多神教であったことはよく知られています。その時代には、西洋人の考え方ももっと日本の「自然道」に近かったのです。

少なくとも、神ではなく自然を世界の根本原理にしようとする態度は共通していたと思うのです。ただ、自然のとらえ方には少し違いがありました。日本の自然道の場合、必ずしも水、空気、土といった要素にはこだわらずに、天地《あめつち》の動きとして、自然全体を混とんのままでとらえるのですが、ギリシャ思想ではより具体的に、より唯物論的に原理を示そうとします。

たとえば、記録に残る最古の自然哲学者とされるタレース（紀元前六二四〜五四六年頃）は、万物の根源は水とし、すべての存在が水から生成し、水に戻ると唱えました。ヘラクレイトス（紀元前五四〇〜四八〇年頃）は、変化無常の原理が火であるとして、万物の根源は火であると説きました。プロタゴラス（紀元前四九〇〜四二〇年頃）になると、人間が万物の尺度であると言い始めます。人間というものが存在して初めて世界が始まるという考え方です。

この考え方が、自然的存在としての人間の理想は快であり幸福であるという論理を導き、ある種の快楽主義、功利主義に結び付くのです。

その快楽というものを幸福論として論理的に述べたのがデモクリトス（紀元前四六〇〜三七〇年頃）でした。最初の快楽主義者と言われているのですが、自己中心主義に魂の安らぎがあるとしています。ソクラテス（紀元前四六九〜三九九年頃）は、快を行為の究極の目的におく素朴な快楽主義ではなくて、そこに徳というものが必要なのだということを述べています。

エピクロス（紀元前三四一～二七〇年頃）は、人間にとって、自然で必要な欲求を追求することで得られる平静な心（アタラクシア）が最も価値のある状態だという考え方を提示してきます。人は単なる感覚的な享楽のみでは幸せは得られず、静かで精神的な生活を求めるのが本当の快楽主義であるというのです。

人間の自然なあり方そのものがすでに幸福な状態であるということを言っていて、日本の自然道とかなり近いのです。古代ギリシャ人も、自然そのものに従えば、人は快を得られ、満足感を得ることができるという考え方に到達していたように見えます。

その道徳観はローマ帝国時代までは引き継がれましたが、やがてキリスト教によって否定されていくのです。その後、他国と地続きのヨーロッパの宿命として、民族の大移動や侵略などがあり、落ち着いて思考を深めることができないような状況が現れ、人間のあり方そのものに哲学を見出そうとするギリシャ哲学は「ルネサンス」時代まで復興されませんでした。

そのような現実にキリスト教など宗教の存在意義が出てくるのです。その批判から生まれた新たな宗教のもとに、また新たな道徳観が生まれるのです。

峻別された善悪の基準

西洋の道徳の特徴は、善か悪かをはっきりさせるところにあります。基本的に遊牧民族として、絶えず略奪、侵略が行われる日常では、「どちらが正しい」のか決着をつけなければならない場面が多いからではないでしょうか。そのような土壌で求められ、生まれた宗教が一神教でした。諍《いさか》いを仲裁する審判として絶対的な存在が必要だったのかもしれません。

善悪とは何かというルールがまず定められ、それを神が判断するという仮定のなかに道徳観が作り出されるのです。ですから、一神教の道徳は、人間と自然との関係から生まれるのではなく、人為的に作られるものです。

そもそも、道徳を意味するモラルという英語はラテン語のmores（モーレス）から来ていて、風習という意味です。風習がつまりモラルということで、この言葉の成り立ちが元来の道徳の生まれ方を示していると思うのです。人間が自然に従って生きることで自動的にモラルが生まれるのであって、日本人の道徳はそのように発生しています。

一方の西洋では、モラルが人為的に生み出されるようになったのです。人為的というのは、人間の判断力に委ねられるということです。

しかし、峻別《しゅんべつ》された善悪の基準というのは主観的なもので、正当に判断するのは非常に難しいのです。正しいかどうかよりも目的に合うことが善とされる場合もあります。

たとえばよい天気、悪い天気というとき、雨を必要とする農家にとってはよい天気はあまり好ましくないわけですが、反対に都会の人にとってはそれがよい天気です。こうした主観が道徳の基準の中心になると誤ったことが導かれかねません。日本では、『古事記』『日本書紀』などを見ても実は善悪がはっきりしません。物事を相対的にとらえる日本人は、客観的な善悪などというものは存在しないという認識だったからです。

しかし、共同体の複数の人々が和して行動するのを妨げることは罪と見做《みな》されます。基準は共同体のための正しさにあります。『古事記』『日本書紀』にも、農耕生活を破壊するものが罪として示されています。害虫発生のような自然の災いも、農作業をサボるような人間の悪行も、共同体にとっては同じように罪と感じられるわけです。共同体のなかで個人がやるべきことをやらないことが一つの罪であり、見苦しい皮膚病を患うことでさえ、罪とされています。

日本では、西洋のように道徳が善悪という基準で作られていない代わりに、共同体の調和を乱すものは悪となってしまいます。それでは悪いことを共同体がやるとするとそれに従ってしまうのでしょうか。そこに皆が納得ができるという一つの枠があるのです。悪いことをしても未来を考えると、罪せざるをえない。共同体も崩壊せざるをえない。そうした判断が生まれるのです。こうした善と悪に対する西洋と日本との違いは、様々なところに現れます。

たとえば「心」という言葉を日本人が使う場合には、自然にそこに肯定的な意味が込められています。「心がある」とか「心を持っている」というだけで、良心とか、善という意味が含まれているのです。日本人にとっては、心を持つということは心臓を持つ、精神を持つという以上の、人間肯定の意味があるのです。

一方、英語のmind（マインド）という言葉にはほとんど善悪の意味合いは込められていません。西洋では、そこに神から与えられた判断がなければ、言葉は記号以上のものではないのです。

「モーゼの十戒」の世界観

西洋人の精神的基盤になっているのは何と言ってもキリスト教です。今では無宗教の人が増え、教会に通う人も少なくなってきているとはいえ、まだまだ教会が中心的な存在となる活動も多く、人々の生活はキリスト教の慣習や暦に基づいて巡っています。

やはりキリスト教を知らなければ彼らの精神的生活はほとんど評価できないだろうと思います。キリスト教には、大きく旧約聖書と新約聖書のそれぞれの道徳観がありますが、旧約聖書の思想の中心となっているのは「モーゼの十戒」です。

ここでは、虐げられていたユダヤ人を率いてエジプトから脱出した古代イスラエルの指導者モーゼが、シナイ山で神から授かったとされるこの戒律について、日本的視点から見てみたいと思います。

一、ヤーウェが唯一の神であると自覚して、他の神を崇めないこと。

一神教というものの性質を見事に規定している戒律ですが、日本人にとっては、このことがまず理解し難いことと言ってもよいのではないでしょうか。寛容であるはずの宗教が、狭量であることに違和感を感じるのです。神であるなら、人間のように嫉妬深いはずはなく、他の神を崇めてはならないなどと人間に強要してくるはずがない、と考えてしまう。そもそも、人格神を想定し、人間のような神が自然まで創ったという時点で、もうそこに偽りがあると日本人は感じてしまうのです。

しかし、ディアスポラ（原住地を離れた者）であるユダヤの民は、土地柄や風土から醸成される自然宗教とは無縁のため、土地に依拠しない宗教を作っていくという宿命があるのです。そうするとこのように観念で神を作るということになる。

こうしたことを指摘できるのは、日本人に自然道の視点があるからなのですが、西洋人はこれを当然であると思い、人間はこのような思考パターンしかとれないのだと思い込んでいるのです。

二、神の姿は貴いものだから、みだりに偶像を作って崇拝してはならない。

観念だけ、言葉だけで神を想定するというのは、少なくとも旧約の世界ではそうなのですが、キリスト教が成立する過程ですでにこの戒律は破られています。モーゼの十戒はキリスト教徒に徹底されているわけではありません。

ユダヤ教にルーツを持つキリスト教をヨーロッパ人が信仰し始めた頃から、偶像が作られるようになるのです。教会に行くと必ずキリストの磔刑《たっけい》像があり、聖母子像、聖人像がありますが、どれも偶像です。西洋美術のほとんどはキリスト教の偶像が占めると言ってもよいくらいたくさん作られ、崇められてきました。これが破戒にあたることを西洋人は自分たちではほとんど指摘しないのです。

ですから旧約と新約というのは、本来しっかりと分けて考えなければならない別物です。それなのに、キリスト教が成立する過程でなぜか旧約も含めることが決められてしまったのです。ここにある意味で矛盾があるのです。もちろん、旧約を除こうとするキリスト教の一派もあります。

旧約を含めるということは、ユダヤ民族の宗教をより普遍的なキリスト教に組み込むということを意味します。西洋人は論理的だとよく言われますが、そうではないことがここからわかります。旧約と新約は完全に矛盾する宗教なのです。

「モーゼの十戒」で語られる唯一の神は、ユダヤ教の神ですから、キリスト教であるにもかかわらず、戒律の一ではユダヤ教の神だけを信じなさいと言っているに等しいのです。

旧約聖書そのものもヘブライ人の民族の物語を語っているわけですから、その歴史を共有しない民族が信じる宗教にそれを取り入れたということで、その矛盾の大きさが知れるのです。同時に、そうまでしてそれが必要であったということも考えてみなければなりません。

これまでユダヤ教は民族宗教で、キリスト教は世界宗教だとか、普遍宗教だとか、西欧の宗教学者にいわれてきました。それは誤りだと私は考えています。ユダヤ教はユダヤ人の共同宗教であり、キリスト教はキリストの学を基本とする個人宗教だと私は言ってきました。

人間には共同宗教と個人宗教の両方が必要だというのが私の持論なのですが、共同宗教としての旧約聖書と個人宗教としての新約聖書の両方が西洋人にとって必要だったのです。民族として生きるということを人々に意識づけ、キリスト教徒が一つの民族であるかのごとく錯覚させるために旧約が用いられたのです。

三、神の名は尊いものだから、安易にその名を口にしないこと。

これも神の神聖性を保証し、維持するための戒律で、一、二と共通するものですが、このあと四以下は共同体の不文律のようなものが羅列されます。四は「七日に一日を安息日としてこれを守ること」、五は「父母を敬うこと」、六は「殺人をしないこと」、七は「姦《かん》淫《いん》をしないこと」、八は「盗みをしないこと」、九は「偽証しないこと」、十は「人のものを欲しがらないこと」。

四以下はまったく共同体の平凡な規律にすぎません。これがあたかも世界のキリスト教徒の行動原理であるかのごとく扱われるには、理解が足りないように思えます。旧約ではユダヤ民族は外の宗徒に対しては殺しても、犯罪をしてもみとめられるのです。殺さないのは共同社会の人々に対してだけなのです。その営みを円滑にするために、共通の信仰を背景にした規律をあえて言葉で示すことで人々の行動を縛る必要があったのでしょう。まさに人為的に社会の規律が作られたといってよい。

新約聖書の衝撃

この矛盾だらけの旧約を否定するかたちで、さらに新しい宗教と言ってもいいものが生まれます。つまり、旧約の規律を守って生きてきた人々自身が、その規律そのもの、そして規律に縛られるユダヤ人を批判するかたちで生み出したのが、新約なのです。イエス・キリストその人は、パリサイ派ユダヤ人などに対抗する勢力のリーダー的存在として崇められていたのでしょう。その言動が、弟子や弟子に近い人物たちに記録され、イエスの死後に一冊にまとめられたのが新約聖書です。

結局、共同体の一員として規律を守って生きること自体の息苦しさ、あるいはそれが人間性を失わせることに対しての反抗が新約と言ってもいいと思います。そこでイエスが新たに打ち出してきたのは、愛情に基づいて生きるという態度です。新約の道徳観は、人間の愛情をより重視するところから生まれているはずなのです。

さらに、新約に旧約との連続性を持たせることによって、その愛にも「神への愛」という概念が与えられます。つまり、共同体の中心に唯一共通の神という存在を置くことによって、単なる共同体を超えた「神への愛」で結ばれるより大きな共同体を作ることが可能になるのです。新約に旧約を結び付けることが必要だったのは、求心力となる神の存在を裏付けるためだったのです。

矛盾があっても、旧約に新約が加わることで初めてキリスト教が生き生きとした人間の宗教となったのは確かでしょう。それが世界へと広がる原動力にもなったのです。

日本人にはどうしてもわからないキリスト教

しかし日本人はこうしてできあがったキリスト教の教理に、初めて触れた一六世紀以来、なかなか共感することができずにきました。神という架空の存在を設けずに、人間の生き方をそのまま宗教にしてきた日本人の目からは、聖書に書かれてあることが壮大なフィクションにしか見えないからではないでしょうか。世界人口の約二二パーセントがキリスト教徒とされる現在において、日本のキリスト教徒が人口比〇・七パーセントしかいないところにもその相容れなさが表れているように思います。

たとえば新約には、聖母マリアが精霊によってイエスを身ごもることを天使に告げられる受胎告知のエピソードがあります。キリスト教徒はもちろんそれを当然として史実であるかのように受け取っていますが、それは自然ではありえない現象です。客観的な視点を持つ立場からは、これでイエスを神の子として規定するのは苦しいと感じるのではないでしょうか。

キリスト教には、神から与えられる恵みとして洗礼、堅信、聖体、許し、病者の塗油《とゆ》、叙階、結婚の「七つの秘蹟」というものが制定されています。どれも信仰を高めるための儀式と考えられていますが、なかでも特に日本人に理解し難いのは許しの秘蹟ではないかと思います。

懺悔《ざんげ》、改悛《かいしゅん》、告解《こっかい》＝コンフェッションとも言われ、自分が犯した過ちを聖職者に告白することによって許しを得るという儀式のことです。教会には告解のための部屋まであり、罪の告白という行為が信仰においていかに大きな役割を果たしてきたかがうかがえます。

しかし私たち日本人にとっては、罪を神に告白するだけで帳消しにできるという時点である種の偽善を感じざるをえない、ネックとなる部分でもあるのです。

病者の塗油という秘蹟も告解と似ています。終油《しゅうゆ》と言われていた儀式で、病人が生前の罪を告白し、許しを請うことで死を迎える準備ができるとするものです。本来必要のないものを必要とさせられているようにも見えます。

この前提には、旧約聖書のアダムとエバから罪を受け継いでいる人間はすべて、生まれながらにして罪人《つみびと》だという「原罪」の概念があります。

アダムとエバの罪というのは、旧約聖書冒頭の「創世記」に描かれるエピソードから来ています。神によって最初に創られた人間アダムとエバが、悪魔である蛇にそそのかされて禁断の木の実を食べてしまい、神との契約を冒したということで楽園を追放されるのです。ここで犯した罪を、すべての人間が逃れることができない「原罪」としてキリスト教では教えるわけです。日本人にとっては不可解でならない部分の一つだと思います。

そもそも、楽園に食べてはいけない木の実があることがまず不思議なのですが、そこに悪事をそそのかす悪魔がいるということも、楽園という場所では考えられないことでしょう。日本人からすると、不自然極まりない設定だらけなのです。それが前提となっているために、キリスト教の論理全体が歪《ゆが》んでいるという認識を持ってしまうのです。

さらに、生まれたとたんに洗礼を受けさせられる秘蹟のために、信徒はまともな判断ができないうちから罪の意識を植え付けられてしまいます。具体的に「悪いことをした」という自覚がないままに、最初からトラウマを与えられるようなものです。しかも、それを告白することが教会での信徒の行為として義務付けられているのです。実際的な犯罪行為をしているならともかく、ただ普通に生きているだけで常に改悛を強要される。

こんな理不尽はないように思われますが、旧約の神に対して人間が弱みを持っていると信じ込まされるところに、許しの秘蹟が意味を持っているのだと推測されます。これもキリスト教の一つのレトリックかもしれません。

奇跡も皆で信じることによって批判の余地を与えなくすることができますし、キリスト教がこれまでほとんど批判されてこなかったのは、それを支えるだけの信仰の力が現実にあったからこそです。ただ、あまりに非現実的な概念を事実として積み重ねていくと、宗教が、奇跡を信じさせるための道具に追い込まれかねません。そこに危うさを感じ、疑問を呈することができるのは、自然道の概念を持つ日本人だけかもしれません。

いずれにしても、西洋のキリスト教と日本の自然道の考え方、道徳のあり方は大きく異なっています。

自然に生きていても道徳的でありうる日本のあり方に対し、西洋では神というものを想定しなければ道徳が生まれてきません。民族移動や戦争など、共同体が崩れやすい条件がたくさんあるため、なんとか観念で人々をつなぎとめようとする力が働くからではないでしょうか。そこから生み出される道徳観も、不自然なものになるのです。何しろ、神の存在を理論付けているのは人間だからです。

ですから、神と人間との関係だけでなく人間同士の関係も、年齢とは関係なく、契約によって結ばれます。そして契約は自然に成立することはなく、人工的に作られるのです。人工的ということは、また人の手で壊しやすいということでもあります。いつでも人間は道徳を侵すことができてしまうのです。

そこで最終的にモノを言うのは物理的な力ということになるでしょう。結局、力の支配の世界に導かれてしまうのです。

理性の時代――デカルトからサルトルまで

西洋では、人間が神という架空の存在を想定してからというもの、人々は長い間その存在に縛られてきました。道徳のまさに中心にいるのが神ですから、善悪をどのように神が判断するかということで悩まざるをえなくなるのです。

たとえば、淫らなことを考えただけでも罪となるというように、規律を厳しく解釈することもできるため、信仰が人間の精神の自由を奪うことにもなるわけです。さらに、懺悔を義務付けられることで非常に複雑な人間のあり方が作り出されます。

神を想定するのも、規律を解釈するのも実は人間ですから、自分たち自身で生き辛くしているところがあるにもかかわらず、「救い」という結論もありません。しかも、人工的に作られた契約はもろく、壊れやすい。

しかしこのような、人間と神との関係において生じる葛藤《かっとう》が、ヨーロッパ文化のもとになってきたのも確かです。個人の内面にうずまく信仰、反省、改悛といった葛藤が、そのまま詩や絵画などの芸術になり、哲学を生み出してきました。

ルネッサンス時代、ゴシック時代の聖母子像、聖人像などの、宗教を超えたようなすばらしい表現には、感情的な解決方法が込められていたのだろうと思うのです。芸術によって、人間がある種の救いを感じることができたのです。それだけ、教会のなかで彫刻や絵画の果たす役割が大きかったからこそ、あのようにたくさんの芸術が生まれたのでしょう。

やがて、産業革命を経て近代と言われる新しい時代が来ると、神に代わって「理性」という言葉が幅をきかせるようになります。

フランスではデカルト（一五九六〜一六五〇年）が、情念をコントロールする強い理性的意志から道徳が生まれるとし、パスカル（一六二三〜一六六二年）は、「理性によって人間が知ることができるのはちっぽけなものにすぎない」と理性に対して懐疑的な姿勢を示します。

スコットランドの哲学者デビッド・ヒューム（一七一一～一七七六年）は、ソクラテス、プラトンに始まり、ヨーロッパ哲学を長きにわたって支配してきた理性主義的倫理学に対立するようなかたちで、倫理は理性ではなく情念から生まれるという考えを打ち出してきました。

伝統的な神による善悪の観念よりも、人間の情念、感情というものを大事に考え、道徳的観念は理性からではなく、人間の感性からくるとしたのです。ヒュームの立場は感情主義と呼ばれています。

しかしこのヒュームの考えは主流とはならず、理性のなかに道徳性を見出そうとする考え方に流れは戻っていきます。そしてドイツのイマヌエル・カント（一七二四～一八〇四年）が、道徳性は自然界の外の純粋理性という領域にあるとし、そこから生まれる普遍的な法に沿って行動せよと「定言命法」という概念を提示するのです。

つまるところ、道徳の根拠はあくまで理性にあるとして、正しい道徳というものは先天的に人間に備わっていると主張するわけです。意外なのは、人間が実行するべき道徳行為はもともとあるものなのだ、とカントが主張するとき、そこに神を想定していることです。道徳的法則は、最高善を通じて宗教（キリスト教）に到達する、としています。

西洋の思想は、「理性」という概念を借りて神の存在から離れようと試みるものの、離れられずに周回しているように見えます。

カントの精神を引き継いだヘーゲル（一七七〇～一八三一年）は、世界は変化するものであるから、道徳も同時に変化するものだ、といいます。ただ、でたらめに変化するのではなくて法則的に変化するとしています。

さらに、精神の絶対的あり方、自由を得たあとにたどり着く理想的な秩序として「絶対的精神」というものを考えるとき、ヘーゲルも超越的な存在、神を想定するわけです。それはやはりキリスト教的な神であって、一神教的な宗教と強く結ばれていきます。ヘーゲルもまた、西洋的精神の伝統の上にある、ということがわかります。

ヘーゲルの抽象的思考に対して、キルケゴール（一八一三～一八五五年）は自分の思想を具体的思考と呼びました。人間の主体的な真理、つまり自己の人生を誠実に生きる人間を「実存」と呼び、その「実存」への道が、美的実存、倫理的実存、宗教的実存の三段階ある、と自分自身の体験に基づいて構想します。

最終的には第三段階の宗教的存在へと進み、神との関係を主体的に作っていきます。つまり、罪深いことをした人間は神の前に立ち、神を信ずることによって救われるというキリスト教的な倫理観をキルケゴールがあらためて打ち出したと言ってもいい。キリスト教的な神の存在を明確にしたのです。

その後の実存主義は、ドイツのヤスパース（一八八三〜一九六九年）やハイデガー（一八八九〜一九七六年）、フランスのマルヤル（一八八九〜一九七三年）といった哲学者たちの思惟《しい》を経て、最後にサルトルの神なき実存主義に至るわけです。

サルトル（一九〇五〜一九八〇年）は、本質は実存に先立つとする考え方を否定して、実存が本質に先立つという無神論実存主義を主張します。これが神なき実存主義として、戦後、日本にも大きな影響を与えたのです。

デューイの神なき道徳観の不毛

西洋の現代思想の潮流に、自然科学の分野から大きな影響を与えることになったのが一八五九年に発表されたダーウィンの『種の起源』でした。アメリカのジョン・デューイ（一八五九〜一九五二年）は、まさにそのダーウィンに感化され、神なき道徳観を主張した哲学者でした。

まず、『種の起源』以降、新たに生まれた道徳観とはどのようなものだったのでしょうか。

人間というのはもともと利己主義的な存在であるにもかかわらず、生存競争に勝ち抜くために、共同体のなかではお互いに助け合い、「他を利する」精神を持ち始めるといいます。

その利他主義こそが、人間が社会を形成するうちに自然に生まれてくる道徳だというのです。

アメリカの心理学者ジェローム・ケイガン（一九二九年〜）は、子どもは二歳までに、してはいけない行動の一覧表を頭のなかに作り、三歳までには、自分自身の行動を含めて物事に善悪を当てはめるようになる。三歳から六歳の間には、規範を破ると罪の意識を覚えるようになる、と指摘しています。子どもには成長するにつれて道徳性を発達させる遺伝的なプログラムがはめ込まれているということです。

それはつまり、神の判断を待たずとも、人間はもともと道徳観を持っており、それに従って独自に判断していることを示すのです。同時に、日本人が七、五、三歳で子どもの成長を祝い、年齢というものを人間関係の秩序の中心に置くことの正当性を科学的に裏付けてもいるようです。

脳の各領域の機能と道徳的観念の発達過程を結び付ける科学的な説明の仕方そのものが、人間の肉体的なあり方、つまり、もともと自然が作り上げたものに基づいているという説明になっているのです。自然道の道徳が、進化論や、生理学、脳医学などによって、意味付けられていく、そういう過程が今、進行しているわけです。

人間は、学ばなくとも、唯一神にしばられずとも、身体や脳の構造からして道徳を踏み外さない存在だということを、進化論の学者たちが証明しようとしているのです。

こうした進化論の影響を受けて、人間は道具を使うことで他の動物よりもよく環境に適応することができると考えたデューイは、「道具主義」という言葉を打ち出してきます。道具のなかで最も優れているのは知性だとして、その価値は、よりよい環境に人間を適応させられるかどうかにあると考えたのです。

デューイの考える人間の生活とは、取り巻く自然環境や社会環境を征服し、支配していくことですから、知識はそのための「道具」というわけです。

すると、善とは現在の人間の生活に役立つもののことであり、幸福はただ成功のなかにのみ見出されるという考えが導かれるのです。成功＝successというのは、継続＝succession、前進＝progress、進歩＝advanceを意味し、能動的な過程であって、受動的な結果ではない、というわけです。

そこからデューイは、成長＝growthそのものが、ただ一つの道徳的目的であるとします。絶えず自己の行動と習慣とをチェックして自分を向上させることが、当たり前に求められる道徳というのです。

これがアメリカでは、社会的に高い地位に就いて経済的に大成功するという具体的な目標があることこそ、価値ある生き方だということになってしまいました。人を差し置いても生存競争に勝つという利己主義を肯定する思想です。

そこに真善美といった行動指針がないことが、人間の物質的な欲望をただ肯定することになったのでしょう。かえって人間を荒廃させるという面が出てきたのです。これがアメリカでも、戦後の日本の教育現場でも問題になりました。

西洋の思想は、神のくびきから解き放たれたようでいて、あらぬ方向へ迷走しているようにも見えます。自然道に近い進化論の影響を受けておきながら、結局、規律を人間自身が定めるという以前と同じ陥穽《かんせい》に陥っているからではないでしょうか。

今の精神の荒廃を招いたのは、新しい思想が伝統や文化を「抑圧」と見て、否定的に扱ったことも原因の一つだと思います。契約だけの共同体で個人主義を追求する動きに対抗するには、伝統や文化を再認識し、宗教を取り戻す必要があるのではないでしょうか。共同体には、家族愛を基本とする道徳が生まれてこなければならないのだと思います。

自然道の世界的役割

人工的に神の存在を想定してきたのは、キリスト教だけでなく、ユダヤ教でも、イスラム教でも同じです。イスラム教も、ユダヤ教から生まれた一神教なのです。「アッラーのほかに神はなし」という唯一絶対にして全知全能のアッラーを信仰し、モーゼ、イエスなどの預言者たちの教えを、最後の預言者であるムハンマドが完成させたとされるコーランを聖典とします。キリスト教よりもさらに排他的な、アッラーの神だけを信じる宗教共同体なのです。

ユダヤ教は、唯一神ヤーウェを信じ、旧約聖書と同じ書物タルムードを重要な教典としています。ユダヤ民族だけの宗教として成り立つ民族宗教ですが、ユダヤ人と神との関係は、神への絶対服従という契約で結ばれており、厳しい戒律主義をとっています。そこにある道徳観も、日本人の視点からすればやはり不自然なものになります。

二〇世紀を振り返ってみても、ユダヤが仕組んで失敗してきたことにソ連、アメリカをはじめ世界中が巻き込まれてきた歴史があります。ユダヤ人は問題を作っては失敗し、それをくりかえしてきているのです。そのために今でもユダヤ人自身が苦しみ、また他の民族に迷惑もかけているわけです。

人間が神という架空の存在を作り出したことによって、神は、その神を信じる共同体だけを守るという排外主義を生み、それが人々の生活を害していると言ってもよいと思います。その神の領域が侵されそうになったとき、力で守ることに正当性を人々が見出してしまうのです。それによって戦争が起きる。世界が戦争の歴史であることを保証してしまったところに、宗教の意外な側面があるのです。

そろそろ、一神教の論理が破綻《はたん》していることを実感し、疑問を抱くヨーロッパ人も増えてきています。少なくとも、宗教によって作られた排外主義というものは、未来の人間の社会にとって排除されなくてはならない要素だということに世界が気づき始めています。そのために、解決のヒントとしてまったく違う思想を持つ日本のあり方が注目されるようになっているのです。

アメリカや中国のように面積が日本の何十倍もあるような国の経済と比べて、そのサイズから考えると日本の経済の発達はおそらく世界一でしょう。犯罪も少なく、安全で、電車が時間どおりに動くなど、あらゆることが円滑に進む日本の社会活動は、日本人が自覚する以上に世界の模範となっています。日本人のあり方そのものが、世界の理想になっているのです。

その日本人のあり方を支える根拠である「自然道」が、今、注目されているのです。

人間も自然の一部であることはどこの世界でも変わらない事実ですから、「自然道」が基本にあれば、世界が平和になるはずです。これからの世界の新たな秩序作りに、日本の「自然道」がより強力な武器となっていくことが期待されているのです。

第8章

日本の信仰に接近しだした世界

すべてを自然から教わってきた日本人

そもそも道徳という言葉の「道」とは何なのでしょう。「道理」とか「理」とか「道」など類似の表現で道徳観が語られてきたのですが、やはり、「天地自然の道」のことと解釈するのが自然だと考えます。

「天地自然の道」とは、自然が持っている規律のことです。お天道様がきちんと朝出て夕方沈み、樹木が春に萌《も》えて、葉を付け繁茂し、また枯れていく。朝昼夕夜、四季が確実にくりかえされる、その規律性に従うことが、自ずと日本人の生きる指針になったのです。

毎年同じことがくりかえされる歴史を経るうちには、年輪が生まれます。日本人にとって、年輪というのは人の命の長さ、年齢を象徴するものでもあります。そこに「美」を発見し、「長幼の序」の観念が生まれる。こうして「天地自然の道」に道徳性というものが宿るようになるのです。

日本の文学も哲学も、考え方も芸術も、そうした自然のあり方に依拠しています。日本人は、自然の極み、自然の変化、自然の異常さというもののなかにも「美」を感じるのです。

日常的に「美」をも自然のなかに求める習性は、人々が庭園を作ったり、盆栽を育てたり、山水画や様々な静物画を生活に取り入れようとする行為に表れています。

仏像が木や乾漆で作られていることにもそれが表れています。自然素材で作られるのは、自然のなかから仏が現れるという宗教観と無縁ではないはずです。ナタ彫りの仏像など、まさに神木のなかから仏の姿を取り上げるという行為です。また、仏という超越的な存在を、日本人が最高と考える「自然の美」で表そうという想いもあるでしょう。

「草木国土《そうもくこくど》悉皆《しつかい》成仏《じょうぶつ》」「即身成仏」という言葉が仏教にはあります。仏が説く修行の道というものは、自然と一体化することにあるという考え方を示しているのだと思います。「即身成仏」の「身」とは体、つまり人間のことです。人間そのものも自然の一部ですから、自然的存在はそのまま成仏することができるということを空海が説いたのです。

この発想も実は仏教というより「自然道」なのです。自然と一体になることが成仏するということになる。それは、人は死ねば自然に還る、自然そのもののなかに神がいる、とするもともとの神道の考え方を仏教的に表現したものと考えることができます。

そうした日本人の自然のとらえ方が仏像のかたちに表されているのが風神雷神などの怒りの像ではないでしょうか。

「怒り」という感情も自然の一部であり、四天王や十二神将、不動明王などの憤怒の仏像に昇華され、菩薩、釈迦といった像とは別に盛んに作られてきたのです。自然から人間へのメッセージが、ときに荒々しい怒りとなって表れると日本人が考えていたことを、こうした憤怒の仏像がよく体現しているのです。

怒りの仏像は、インドから中国経由で日本に入ってくるのですが、日本人はそれを「自然道」の解釈で受け取り、独自に発展させてきたと理解できると思います。インドでは仏教がなくなってヒンズー教に残り、日本では日本化した仏教の仏像として今に残っているのです。

日本人は、怒りという感情も、自然が作りだす異常なものも、否定的にはとらえません。一六世紀に京都の三十三間堂を訪れたイギリス人が、風神雷神像を悪魔と見たといいますが、日本人は、憤怒の像にも、力強さ、美しさを感じるのです。

自然の現象がときには人間を叱り、ときにはやさしく包むということを知っているが故に、怒りの表現を人間に対する叱責《しっせき》の一つとして、諫《いさ》めとして、あるいは神の怒りとして感じる。そうしたことも肯定的にとらえるところに、仏像の怒りの表情の美しさが見えてくるのです。

自然の怒りには、人間という存在の小ささ、儚《はかな》さ、複雑さ、感情の多様さ、といったものを鏡のように映しだし、理解させてくれる力があるのです。

　このように、すべてを自然から教わってきた日本人には、周囲の自然や他者に対する「寛容さ」というものが古来備わっているはずなのです。明治以降、西洋化が進むなかで入って来た、「あいつは悪い奴だ」「あいつはよい奴だ」と善悪で判断して敵味方を作る二元論の影響が強くあるのは確かですが、それは表面的なことです。

　現代では、西洋的な言論が通用しているように見えますが、日本人のあり方は根本のところであまり変わっていません。ほとんど変わっていないと言ってもいい。変わっていないところに、伝統的な仏像を見て人々が感動する理由があるのです。

「人間も自然の一部」という常識

　明治以降、これほど西洋化が進み、欧米に追いつこうとしてきた日本が、グローバル化の時代になっても根本で変わらない理由の一つに、西洋と日本の世界観に大きな隔たりがあることが挙げられると思います。

　世界も人間も全能の神が創ったとする西洋的な考え方によれば、すべてが神の何らかの意図をもって創られたことになります。それを前提にすると、あまりにも不可解なことが多すぎるために、日本人には西洋の思想の原点であるキリスト教が理解できないのです。

自然の現象はあまりにも多様であり、あまりにも広く大きく、同時に、最先端の科学でさえも解明できないような正確さ、規則性といったものに満ちています。北斎の「神奈川沖浪裏」に描かれるように、日本人は、そうした自然を前にして恐れを抱き、怒りを見るのです。その感情が、憤怒の像など芸術作品に昇華されてきたのです。

日本人は、物事の基本に、忠実に自然というものを立てたのです。自然そのものが神なのです。そのような日本人ならではの思考回路というものが、やはりあります。

まず、世界をどうとらえるか、という部分で西洋と日本とでは大きく違うのですが、それをどのように表現するかという部分でも大きく違います。概念を言葉で定義するのが西洋や中国の論理だとすると、言挙げしないのが日本の論理です。むしろ、言葉では定義できない現象があるということをそのまま受け入れ、そのなかに生きる人間を軸にすることで独特の思想や道徳観が生まれてくるのです。

それが自然の命の長さを尊敬する態度につながっています。寺や神社で神木として老木が大切にされるのもそうした思想の表れです。老木にこそ神が宿っていると受け取り、注連縄を張って人々がそれを拝む。老木に対する敬意の念が、それを守り抜く力になります。そうして、それを守って来たという事実が歴史として積み重なり、その事実に対して先祖たちに尊敬の念が湧くのです。

皇室を大切にする日本人の想いは、まさにこれとまったく同じなのです。そこに長く存在してきたという事実、それを守ってきたという事実、それが最も重要で尊いことなのです。

とはいえ、長寿を尊ぶからといって個人の「命」にことさら固執するということもありませんし、もちろん軽視することもありません。日本人の死生観は本来、ごくあっさりしたものなのです。すべてを自然に委ね、神として生まれ、神となって死んでいくというのが神道の考え方です。

このように、自然を冷静に観察する態度が、日本人の思想、学問、生活の規律、すべての基本になっているといってもいいでしょう。自然への洞察力が科学になり、自然から受ける感性が文学や美術などの芸術に、自然の法則を考えることが哲学になる。自然から与えられた道徳観というものが、あらゆるものを学ぶ基本になっているのです。

人間も自然の一部ですし、自然のなかに生きているのですから、これは考えてみれば当たり前のことです。本来なら世界中のすべての人間が、日本人と同じように「自然的存在」であるはずです。西洋でも同じはずなのですが、神というものを想定したために、ある意味で間違ってしまったとも言えると思います。

ということは、その神の存在が揺らいでくると、考え方も自然に寄り添うものになるはずです。近年、自然に基づく日本の思想が西洋で注目されるようになってきているのは、キリスト教の神の存在が疑われ始めているからです。

自然科学の発展が著しい現代において、自然というものの本質、その偉大さが一層強く認識されるようになって、それが人々を神道＝自然道に回帰させる大きな原動力となっているように思えます。

自然道の教えを肯定したダーウィン

一九世紀以降、心理学や精神医学、脳科学など、科学の発達に伴い、人間を科学的に解明しようという動きが出てきます。このことが、キリスト教に基づく西洋の道徳観を左右するようになるのです。

それまで、科学も神を中心に宗教の枠内で論じられてきた欧米社会で、人間中心の視点が生まれるきっかけとなったのは、有名なダーウィンの『種の起源』（一八五九年）でした。「人類も動物の一種であって、自然界の偶然と必然によって生まれた」とする科学界と、「人類は神によって創造され寵愛《ちょうあい》された生物の最上位に位置する存在」とする宗教界との間で論争を巻き起こすことになったのです。

しかし、さらに注目すべきなのは『種の起源』の一二年後に出版された『人類の進化と性淘汰』なのです。ダーウィンはこの本で、人間がどのようにして現在のように繁栄したか、生き延びてきたか、生物全体ではどのような変化のなかで歴史が作られてきたのかということを、より深く考察します。

『種の起源』で主張された、自然淘汰によって種が進化するという「進化論」の考え方は、帝国主義の植民地支配を正当化するイデオロギーが求められていた時代背景もあって、ダーウィンの意に反し、人間社会においても「弱肉強食」が科学的に正しいと拡大解釈するのに都合よく利用されることにもなりました。

この科学の暴走に対し、人間の進化についてダーウィン自身の考えを述べたのが『人類の進化と性淘汰』だったのです。

ダーウィンはここで、「最も思いやりの強いメンバーを最も多く含んでいる集団が最も繁栄し、最も多くの子孫を育成する」「環境に適応し生き残るには、集団内で優しい思いやりを持つメンバーが多ければ多いほど有利」といった指摘をし、「適者生存」「自然淘汰」の理論について、「優しく、思いやりにあふれ、仲間と助け合う」ことができるかどうかが、人類を含めてすべての種のなかで生き残る鍵であり、そうした特色のある種の社会が繁栄すると説いたのです。

ダーウィンは必ずしも道徳を説こうとしたわけではないのですが、道徳論につながる議論が生物学者的な知見から述べられているのです。

ダーウィンは、社会性というのは捕食者の防衛として始まる、と言っています。類人猿にはない、人類だけに際立った特色に「共食」があるというのです。皆で食べ物を分け合って食べる人類社会では、自分で食料を確保できない弱者でも生きていくことができます。つまり「食べる」という行為をまっとうするうちに社会性というものが生じ、同じ目的のために団結したもの同士の関係のなかに生まれたものが道徳である、と定義します。

一つの集団内でメンバーが共同で自衛したり、敵を襲ったりするには、互いに誠実でなくてはなりませんし、また、リーダーに従う者は、ある程度、従順でなくてはなりません。そこに、道徳の基本があるとしているわけです。

ことに人間社会では「仲間から認められたい」という欲望と、仲間から好意を持たれなくなったときの深い後悔、恥ずかしいという感情によって社会的本能が発達する、と推察しています。

ですから、それまで西洋では、神とか理性とか、ある種の自立的な存在を想定してそれに従うことが道徳とされていたのですが、ダーウィンは、人間が生物として生きていくなかで自然発生するのが道徳だという新しい見解を示したわけです。

つまり、神、宗教的存在、あるいは観念的な目標といったものが先にあって道徳が生まれるのではなくて、人間が生物的な存在として自然に生きていくなかで共同体が生まれ、その共同体を円滑に運営するために作られていくものが道徳だということです。

奇しくも、ダーウィンの進化論の道徳は、「自然道」から生まれた日本人の道徳の根拠を科学的に説明するものになっているのです。

ここで初めて西洋と日本が接近してくると言ってもいいと思うのです。それまでのキリスト教的、ギリシャ的、プラトン的な西洋のイデア論と、日本の道徳観は遠いところにありました。しかし、進化論の出現で初めて接点が生まれたのです。

世界が「自然道」に回帰する

ダーウィンの新しい世界観に代表されるように、少しずつ科学的、客観的な世界観が浸透してくると、当然の帰結として聖書の無謬《むびゅう》性が疑われるようになり、生物に対する神学的な見解も否定されるようになります。

結果として、科学者に無神論者が増えるのです。地動説まで否定されるのですから、科学者が神の存在を信じられなくなるのは当然だと思います。それまで西洋では、無神論者には道徳がないと見なされ、非難されてきたわけですが、無神論者が増えてくると、本当に彼らには皆、道徳がないのか、という疑問が湧いてきてしまうのです。

宗教を持たない科学者は皆、道徳がないなどということはありえません。そのことを科学者自身が、たとえば「進化論」には道徳がある、などと説明しようとするわけです。

ところが、宗教性を排除して唯物論で解釈しようとすると無理が生じるのです。唯物論では、木は木でしかありません。社会主義が失敗するのは、唯物論では道徳が生まれないからです。やはりどこかに宗教は必要なのです。木を神木にしてそこに感情を込めるように、対象物に尊敬の念を抱くからこそ、宗教が生まれ、道徳が生まれるのでしょう。

二〇世紀最大の物理学者と呼ばれるアインシュタイン（一八七九～一九五五年）が到達した境地も、非常に「自然道」に近いように思えます。科学と矛盾するとして「人格神」を否定したアインシュタインは、しかし無神論者でもありませんでした。「わからないものは神みたいなものでいい。それでいいんだ、それを宗教性と呼べばいい」と言っていて、世界をとらえるのに無理して宗教性を排除しようとはしないのです。

これは一種の不可知論に近いのかもしれませんが、既成のキリスト教やユダヤ教に則るわけでもなく、しかし、世界のありようから全体的に何か神的なものを感じ取っているのです。

日本では、自然から感知される神的なものを古来疑わずに神だとしてきたわけですが、人間の浅知恵で自然のすべてを掌握できるわけがないという認識が根底にあります。アインシュタインも研究の過程で同様の結論に到達したのだろうと思います。日本にはその神的なものをサムシンググレート（Something Great）と呼ぶ科学者もいますが、それは表現が違うだけで、まさに神道の考え方そのものに思えます。

やはり道徳には精神性がなければならないのです。他人を思いやるという人間関係のなかにある種の宗教性、共通の原理が必要で、日本人はそれが年齢だと思っているのです。年齢が少しでも上だと敬語を使うというのは、その行為自体ある種の信仰とも言えるのです。

アインシュタインはそれを「良心」と言っています。「わからない」というのも一つの畏敬の念であって、そのようにとらえきれない世界を前に、宇宙の法則にかなう人類の原理としてアインシュタインは「良心」を説くのです。そのことに、私は大変な興味を覚えます。宇宙の原理を極めると、結局、「自然道」にたどり着くということではないでしょうか。

近代以降、西洋化を図ろうとして図りきれなかった日本ですが、科学が発展したためにむしろ、西洋のほうが日本に接近してきている、そのように私には感じられるのです。

あとがき

近年、毎年のように国内の文化遺産、自然遺産について、世界遺産に登録されるかどうかが話題になります。

世界遺産とは、世界遺産条約で学術的に「顕著な普遍的価値」を持つと認められた文化財や自然のことです。日本ユネスコ協会連盟ＨＰでは、「地球の生成と人類の歴史によって生み出され、過去から現在へと引き継がれてきたかけがえのない宝物」とあります。

であるならば、日本という国自体が、現存する世界最古の独立国家として世界遺産（複合遺産）に指定されてもおかしくないのではないか、と私は常々考えているのです。

日本は、二〇一五年で、初代の神武天皇即位から二六七五年になるとされています。歴史学的にその存在が確実とされる応神天皇からでも一七〇〇年ほどになるのです。

会社や店を潰さずに長く経営することが難しいように、国家を存続させるとなるとそれは並大抵のことではありません。ローマ帝国など過去に一〇〇〇年以上の歴史を誇った国も、今は滅亡しています。

何ごとにせよ、一〇〇〇年以上も同じかたちを続けるためには、そこに相当強固な「意志」が働かなければ成立しません。日本では、何としてもこの国体を守るのだ、という強い国民の意志が、長く、世代を超えて引き継がれてきていると考えるべきなのです。

その原動力となっているのは、何なのでしょう?

それを私は「道徳」にあると見て、その成り立ちから性質まで、私なりに解明してみたいと思ったのです。「道徳」というと古臭く堅苦しい話と受け取られがちですが、言葉が与えられないために沈んでいた日本の過去を、現代の言葉を与えることによって立ち上がらせたいと考えました。

もう一つ、日本の道徳観を説いた書としてしばしば取り上げられる新渡戸稲造《にとべいなぞう》の『武士道』を否定したいとも思いました。戦争を職業とする武士の道徳が日本人の道徳の基本であるかのように、海外に誤った認識を植え付ける原因になっていると考えるからです。

『武士道』が書かれたのは、明治二二年頃のベルギー滞在時、新渡戸稲造がベルギー人の法学者と宗教の問題を語り合っていた際、「日本には宗教教育がない」と知った法学者に「宗教がなくてどのようにして子どもに道徳教育を授けるのか?」と驚愕《きょうがく》され、日本の宗教的教育の欠陥に突き当たったのがきっかけといいます。

それから新渡戸自身が自分の受けた道徳教育がどのようなものであったかを考察しながら英語で『武士道』が書かれ、約一〇年後の明治三二（一八九九）年にアメリカで出版されたのです。英語であったために、たちまちドイツ語、フランス語にも翻訳され、世界中に広まってしまいました。

「日本には宗教教育がない」という認識が、そもそも間違っています。西洋的な観点では宗教とはみなされなくとも、日本には独自の宗教も道徳もあるのです。本書で取り上げた「十七条憲法」にも『愚管抄』にも、新渡戸は触れませんでしたが、世界に誇れる道徳の書も、歴史哲学の書もいくつも書かれてきています。

外国人にとっては、「武士道」のような説明がわかりやすくてよいのかもしれませんが、日本が軍国主義の国だという誤解にもつながりかねません。日本人ほど、争いを忌避する平和な民族はいないのです。何しろ、私たちは古代から「和をもって貴しとなす」という道徳律を掲げて生きてきているのですから。

日本の本当の道徳は「自然道」であり、そのなかに二〇〇〇年も国体が維持されている秘密があると私は考えています。「武士道」もその「自然道」のなかの一つにすぎないのです。

世界は理想の国のかたちを求めて、市民革命やら、マルクス主義の失敗やら、大戦争やらを経験してきました。そうして、今、日本がある意味で理想の国家を体現しているということに世界が気づき始めているように思えます。

もし、日本が理想の国家を体現しているとすると、それはただの幸運で成り立ってきたわけではありません。きちんとした裏打ちとなる理論があったからなのです。その事実を本書で示すことができていれば幸いです。

最後に、私の提案と口述をこうしたかたちにして下さったビジネス社と、森正由美子さんに感謝の意を表します。

平成二七年一二月

田中英道

主要参考文献

■日本

古典文献

- 『古事記』、『日本書紀』、『続日本紀』、『万葉集』、『正法眼蔵随聞記』、『大鏡』、『愚管抄』、『神皇正統記』、『五箇条の御誓文』、『教育勅語』など。

参考文献

- 岡野守也『唯識で自分を変える』（鈴木出版）1995年
- 笠谷和比古『武士道と現代』（扶桑社）2004年
- 金谷武洋『日本語が世界を平和にするこれだけの理由』（飛鳥新社）2014年
- 黄文雄『日本人こそ知っておくべき世界を号泣させた日本人』（徳間書店）2014年
- 小堀桂一郎『なぜ日本人は神社にお参りするのか』（海竜社）2009年
- 竹田恒泰／呉善花『日本人て、なんですか？』（李白社）2011年
- 田中英道『日本の宗教　本当は何がすごいのか』（育鵬社）2014年
- 田中英道『フォルモロジー研究』（美術出版社）1985年
- 大場秀章『花の男シーボルト』
- 中根千枝『タテ社会の人間関係』（講談社）1967年
- 中村元／責任編集『聖徳太子』（中央公論社）1970年
- 中村幸弘／大久保一男／碁石雅利『古典敬語詳説』（右文書院）2002年
- 新渡戸稲造『武士道』（三笠書房）1993年
- 廣池千九郎『孝道の科學的研究』（道徳科学研究所）1938年
- 本郷和人『天皇の思想』（山川出版社）2010年
- 横山俊夫『達老時代へ』（ウェッジ）2013年
- 渡辺和子／監修『世界の宗教』（西東社）2015年
- 渡辺京二『逝きし世の面影』（平凡社）2005年

■海外

古典文献

- 『論語』、『旧約聖書』、『新約聖書』、『コーラン』、カント『実践理性批判』、ヒューム『人間本性論』、キルケゴール『死にいたる病』、ダーウィン『人間の進化と淘汰』、デューイ『民主主義と教育』など。

参考文献

- デービッド・アトキンソン『新・観光立国論』（東洋経済新報社）2015年
- イザベラ・バード『日本奥地紀行』（平凡社ライブラリー）2000年
- クリストファー・ボーム『モラルの起源』（白揚社）2014年
- ブライアン・バークガフニ　平幸雪／訳『花と霜』（長崎文献社）2003年
- ポール・クローデル『朝日の中の黒い鳥』（講談社学術文庫）1988年
- ミシェル・フーコー『悪をなし真実を言う ルーヴァン講義1981』（河出書房新社）2015年
- アラン・ヒョンオク・キム『メタファー体系としての敬語』（明石書店）2014年
- ロジャー・パルバース『驚くべき日本語』（集英社インターナショナル）2014年
- フランス　ドゥ・ヴァール『道徳性の起源』（紀伊國屋書店）2014年

［略歴］

田中英道（たなか・ひでみち）

昭和17(1942)年東京生まれ。東京大学文学部仏文科、美術史学科卒。ストラスブール大学に留学しドクトラ（博士号）取得。文学博士。東北大学名誉教授。

フランス、イタリア美術史研究の第一人者として活躍する一方、日本美術の世界的価値に着目し、精力的な研究を展開している。

また日本独自の文化・歴史の重要性を提唱し、日本国史学会の代表を務める。

著書に『本当はすごい！東京の歴史』『美しい「形」の日本』（いずれもビジネス社）、『日本美術全史』（講談社）、『日本の歴史 本当は何がすごいのか』『日本の宗教 本当は何がすごいのか』（いずれも育鵬社）ほか多数。

日本人が知らない日本の道徳

2016年2月2日　　第1刷発行
2023年9月1日　　第2刷発行

著　者　田中英道
発行者　唐津 隆
発行所　株式会社ビジネス社
〒162-0805　東京都新宿区矢来町114番地 神楽坂高橋ビル5F
電話　03(5227)1602　FAX　03(5227)1603
https://www.business-sha.co.jp

〈装幀〉大谷昌稔　〈本文組版〉エムアンドケイ　茂呂田剛
〈印刷・製本〉中央精版印刷株式会社
〈編集担当〉佐藤春生　〈営業担当〉山口健志

ISBN978-4-8284-1864-3

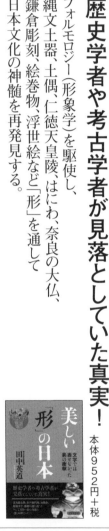